LE
CHANSONNIER

DES

FARCEURS

ET

DES AMIS DE LA JOIE.

GRAND CHOIX

e Chansons bachiques, grivoises, comiques et sentimentales.

PAR UN AMI DE LA GAITÉ.

PARIS

LE BAILLY, LIBRAIRE,

Rue Cardinale, 6, Faub. St-Germ.

LE
CHANSONNIER
DES
PARCEURS

LE
CHANSONNIER

DES

FARCEURS

ET

DES AMIS DE LA JOIE.

GRAND CHOIX

e Chansons bachiques, grivoises,
comiques et sentimentales.

PAR UN AMI DE LA GAITÉ.

PARIS.
LE BAILLY, LIBRAIRE,
Rue Cardinale, 6, faub. St.-Germain.

CHANSONS NOUVELLES.

AIME TA MÈRE.

ROMANCE.

Air : *J'étais fou.*

Ton front s'attriste, ô petite ouvrière,
Et des soupirs soulèvent ton beau sein,
Dès que tu vois une coquette altière
Sous les joyaux te fuir avec dédain.
Ah! laisse-lui le faste et ce qui brille,
Car ce n'est point ce qui peut rendre heureux.
Aime ta mère, ô jeune et tendre fille,   } bis
Aime-la bien, car on n'en a pas deux.

Ne vis-tu pas, Hortense, ainsi parée,
Fuir son pays, et sa mère et sa sœur,
D'un beau Mondor se croyant adorée
Et ne rêvant qu'opulence et grandeur.
Mais, en quittant sa riante charmille,
Elle trouva des sentiers épineux.
Ne quitte pas ta mère, ô jeune fille,   } bis
Aime-la bien, car on n'en a pas deux.

Plains aujourd'hui la coquette cruelle
Qui dans les bals autrefois brilla tant,
Son beau Mondor est près d'une autre belle.
Errante et pauvre, elle dit par instant :
Qui me rendra l'amour de ma famille?
Je n'ai donc fait qu'un rêve ambitieux.
Ne quitte pas, etc.

Préfère, enfant, ta douce chansonnette,
Ton beau travail et ta franche gaîté,
Car le brillant qui pare la toilette
Est trop souvent chèrement acheté.
C'est un cœur humble, ô fillette gentille,
Qui plaît au monde et sourit même aux cieux.
Ne quitte pas, etc.   L. HAMBURY.

LE PÊCHEUR DE SAINT-CLOUD.

CHANSONNETTE.

Air du *Docteur Grégoire*.

Modeste pêcheur
Dont tout le labeur
Se fait au clair de la lune,
J'ai, la joie au cœur,
Vaincu la rigueur
Dont m'accablait l'infortune.
Avec mon bachot,
Mes filets, ma rame docile,
Si pauvre est mon lot
Je sais encor me rendre utile.

Qu'il est bon, qu'il est doux de faire
Un peu de bien sur cette terre,
Un peu de bien sur la terre.

Mon père m'a dit,
Étant tout petit :
Fais toujours le bien, Jérôme,
Et pauvre d'habit,
Sois riche en crédit ;
Avant tout sois économe.

Hélas ! il n'est plus,
Mais en observant sa maxime,
   Sur moi font chorus
Et la confiance et l'estime.   Qu'il est bon, etc.

   Dieu me protégeait,
   Mais me réservait
Une bien terrible épreuve :
   Pierre, hier, sauvait
   Jean qui se noyait.
Aujourd'hui sa femme est veuve.
   Pour son orphelin,
Ah ! que mon vieux filet rapporte
   Poisson ou frétin,
Tout mon gain ce soir je lui porte.   Qu'il, etc.

   Saint-Cloud, mes amours,
   Où coulent mes jours
Comme coule l'eau sous l'arche ;
   Dans tes alentours
   Louvoyant toujours,
A mon bachot je dis : marche !
   Je ris et je bois
Parfois de la liqueur vermeille,
   Mais surtout je crois,
Lorsque la conscience veille. Qu'il est bon, etc.

            HALBERT (d'Angers).

L'AMOUR DU COEUR.

NE SE VEND PAS.

Air : *Ne grandis pas.*

Ange du ciel, ange rempli de charmes,
A toi mon âme et son brûlant amour ;
A toi fortune, à toi toutes mes armes,
A toi mon cœur jusqu'à son dernier jour.

— Non, monseigneur, je dois nourrir ma mère;
Dans ses vieux jours accompagner ses pas, *bis*
La consoler dans notre humble chaumière.
L'amour du cœur, non, non ne se vend pas. *bis*

— Quoi! travailler, perle de la prairie,
Fleur de seize ans, livrée à tant de maux;
A toi grandeur, richesse et douce vie;
Pour te servir, à toi tous mes vasseaux.
— Non, monseigneur, j'aime ma bonne mère
Qui, par amour, guida mes premiers pas.
Tout mon bonheur est dans notre chaumière.
L'amour du cœur, non, non ne se vend pas.

Réponse du seigneur.

Vous refusez mon amour, ma tendresse,
Comme un agneau vous aimez le bercail,
Et votre mère ainsi dans sa vieillesse
Ne vit, hélas! que par votre travail.
J'admire en vous cette vertu sincère.
Ah! soyez riche, et ne refusez pas.
L'amour du bien règne en votre chaumière,
L'amour du cœur ne vous quittera pas.

J. A. SÉNÉCHAL.

LA PAUVRE IRMA.

ROMANCE.

Air du *Bâton de vieillesse.*

Une fillette de seize ans,
Un jour abandonna sa mère.
L'appas de l'or, vaine chimère,
L'avait séduite en un instant.

Le beau seigneur qui l'adorait,
Après avoir flétri la belle,
Las de ses charmes, l'infidèle,
La laissa seule à ses regrets.

Fillettes, pour votre bonheur,
N'ayez jamais l'esprit volage;
La fortune n'est qu'un passage,
Elle ne vaut pas votre honneur.

A l'étranger, la pauvre enfant,
Versa des larmes bien amères.
Elle implorait Dieu pour sa mère,
Et sanglotait en répétant.
L'ingrat m'avait promis son cœur,
Je partis sans inquiétude.
Dieu punit mon ingratitude;
Il s'est enfui d'un air moqueur. Fillettes, etc.

Isolée, errante ici-bas,
La pauvre enfant, aujourd'hui mère,
S'en va de chaumière en chaumière
Avec son enfant sur les bras,
Implorant Dieu le tout-puissant.
Elle disait dans sa prière :
« Mon Dieu, conservez-moi sur terre
« Et veillez sur mon innocent.

Enfants, qui vous jouez du sort,
Quand Irma finit son voyage,
Toutes les cloches du village
De sa mère annonçaient la mort.

                        J. A. SÉNÉCHAL.

LE JOYEUX MAÇON.

Chansonnette.

AIR de *Roger Bontemps.*

Je m'appelle Jean–Pierre,
Et je suis bon enfant,
Sans haine et sans colère,
Je vis toujours content :
Content de ma richesse,
De ma profession,
Je répète sans cesse :
Qu'on est heureux maçon ! } *bis.*

Enfants chéris des belles,
Nous ne trouvons jamais
Des cœurs qui soient rebelles
A nos galants projets.
Nous aimons les luronnes
Vives et sans façons ;
Ce n'est pas des baronnes
Qu'il faut à des maçons. } *bis.*

Nous travaillons sans trève,
Et l'on est tout surpris
De voir ainsi qu'en rêve,
Naître un nouveau Paris.
La grand'ville était vieille,
Nous la rajeunissons :
La huitième merveille
Sort des mains des maçons. } *bis.*

Bien souvent, quand on passe,
Des gens en habits noirs,
Sans vous laisser d'espace,
Vous barrent les trottoirs,

Mais, tous ces intrépides,
Bien vite, avec raison,
Laissent les chemins vides, } bis.
Lorsque vient un maçon.

Il se peut qu'on se grise,
C'est un petit malheur,
Mais notre blouse grise
Renferme un noble cœur !
Lorsque le cri de guerre
Troubla notre horizon,
On vit à la frontière. } bis.
Courir plus d'un maçon.

Léon QUENTIN.

T'ES CUIT.

Air de *Viens donc.*

Sans crainte, l'ami Jules,
Puis-je me marier,
Dis-moi sans préambules
Si j'en puis essayer.
Non... j'te l'jure sur mon âme,
Vrai... comme l' soleil luit,
Si tu prends une femme
   T'es cuit... t'es cuit.

Lorsqu'on est en ménage,
Faut travailler pour deux;
Si tu manques d'ouvrage,
Bonsoir pour les doux yeux.
Car ta maison réclame
De ta s'maine l' produit,
Si tu prends une femme,
   T'es cuit... t'es cuit.

D'une moitié jalouse
Ou te faisant des traits,
Ou d'une chaste épouse,
Tu n'auras que regrets;
Par ses marmots, ta dame,
Troublera ton réduit;
Si tu prends une femme,
    T'es cuit... t'es cuit.

As-tu la tête prise
Par un peu de boisson,
Ta femme peu soumise
Fait l' diable à la maison
Si tu ris de sa gamme,
Crains fort ce qui s'en suit;
Si tu prends une femme,
    T'es cuit... t'es cuit.

D'être célibataire,
Est-on donc plus heureux.
Pauvre ou millionnaire?
On n'en vit pas plus vieux?
Braves-tu l'épigramme,
La marmaille et le bruit,
Prends-moi vite une femme,
    Sois cuit... sois cuit.

                    J. A. SÉNÉCHAL.

JENNY OU LA FLEUR DU NIAGARA

Air : *Reviens, mon fils.*

Aux sombres lieux où, des plus hautes cimes,
Le Niagara précipite son cours,
Le front penché sur le bord des abîmes,
Brille une fleur, de Jenny les amours.

Le noir torrent en écumant retombe,
L'onde jaillit et monte jusqu'aux cieux.
Mais, pour ravir le trésor précieux,
Jenny, sans crainte, envisage la tombe :
« Prends garde, enfant, laisse là cette fleur,
« Ce doux objet causera ton malheur.

 « Prends garde, enfant (*bis*), car cette fleur
  « Causera ton malheur. »

Plus elle voit cette fleur qui l'invite
Par son odeur, son calice argenté,
Plus le désir de l'atteindre l'excite
Et d'en orner sa modeste beauté.
En vain les flots grondent d'un bruit terrible,
Et sous ses pieds le gouffre est là, béant...
Jenny, plus près, se penche en souriant
Et va saisir le charme irrésistible.

 Prends garde, enfant, etc.

Déjà ses doigts s'approchent de la tige,
Personne encor ne vient la retenir.
Jenny chancelle et, prise d'un vertige,
L'abîme affreux, hélas ! va l'engloutir.
Soudain vers elle un jeune homme s'élance...
Il la saisit, l'emporte dans ses bras.
« C'est moi, Jenny, qui t'arrache au trépas,
« Moi qui t'aimais et souffrais en silence.
« Merci, Fernand, dit-elle à son sauveur,
« A toi toujours, mon amour et mon cœur.

 « Merci, Fernand (*bis*), oui cette fleur
  « A causé mon bonheur !... »

L. M. GUFFROY,

Caporal au 1er régiment de grenadiers de la garde impériale.

LA SOUPE AUX CHOUX.

Air : *Les anguilles et les jeunes filles* (Mazaniello).

J'aime un regard, un doux sourire ;
J'aime une tranche de pâté ;
J'aime Lisette, qui m'inspire ;
J'aime aussi le rognon sauté.
Que faut-il pour me satisfaire ?
Car, on le voit, j'ai bien des goûts ;
Ce qu'à tout pourtant je préfère,
C'est, croyez-moi, la soupe aux choux.

Lundi, je promenais Adèle,
Et comme nous allions dîner,
L'appétit m'fit faire à la belle
Réponse qui dut l'étonner.
Elle disait : M'aim's-tu sans partage ?...
J'répondis à ces mots si doux,
Croyant qu'ell' demandait l'potage :
Moi, j'aime mieux la soupe aux choux.

L'amour, souvent, on peut le croire,
Me perce de son trait vainqueur ;
Mais Comus sait manger et boire,
Et mon estomac fait mon cœur.
De la belle que je caresse,
Un baiser me semble bien doux...
Mais, au baiser de ma maîtresse,
Je préfère la soupe aux choux.

Gourmands, vous qui croyez bien vivre,
Aux choux vous mangez des perdrix ;
Ça cuit dans des cass'roles de cuivre,
Ah ! redoutez le vert-de-gris.
Ma soupe, et c'est un grand mérite,
Ne peut craindre de pareils coups ;
Elle se fait dans la marmite...
Moi j'aime mieux la soupe aux choux.

Messieurs, si de ma chansonnette,
Je vous forçais d'être amateurs,
En assurant qu'elle est mieux faite
Que certaines de vieux auteurs,
De moi, vous auriez droit de rire;
Pourtant je compte un peu sur vous.
Ah ! pour ne pas me contredire,
Aimez un peu la soupe aux choux.

Jules Choux.

LE RÊVE DU SOLDAT.

CHANSON.

Air de *Jeannette et Jeanneton*.

Cette nuit, pendant mon sommeil,
Je rêvais que ma bonne mère,
Par un miracle sans pareil,
Quittait sa couche mortuaire;
Aux cieux bientôt je la revis
Dans une chapelle d'étoiles,
Et les saintes du Paradis
Lui formaient un lit de leurs voiles.
Que ce rêve eût pour moi d'attraits, } *bis.*
Non, je ne l'oublierai jamais.

Une sylphide aux yeux d'azur
Descendit sur un blond nuage,
Et, de son souffle doux et pur,
Elle effleura mon brun visage.
Alors je la vis déposer,
De ses lèvres couleur de rose,
Sur mon front un chaste baiser
Qui fit rester ma bouche close. Que ce rêve, etc.

Je me vis transporté soudain
Dans les champs d'une immense plaine;
D'un chétif et pauvre terrain,
Dieu fit un fertile domaine;

Les épis étaient si nombreux
Qu'ils se gênaient dans leur cadence.
Comme le peuple était heureux
En voyant partout l'abondance! Que ce rêve, etc.

Tout à coup la scène changea,
J'étais sur un champ de bataille,
Et mon ardeur me dirigea
Vers le feu lançant la mitraille;
L'ennemi tremblant de frayeur
Fuyait devant notre bannière,
Et le signe d'un brave cœur
Figurait à ma boutonnière. Que ce rêve, etc.

La paix vint après le combat,
Et je revis dans ma patrie,
Comme un soleil en son éclat,
Briller les arts et l'industrie.
Fidèle à la voix des serments,
Épousant ma belle maîtresse,
Alors je voyais mes enfants
Par leurs soins dorer ma vieillesse. Que ce, etc.

Eugène BAUMESTER.

LA GENTILLE REPASSEUSE.

Air de la *Ronde des conscrits.*

Fais glisser avec ardeur
Ton fer, ô repasseuse,
En rêvant au doux bonheur
De voir ta mère heureuse;
Ce beau rêve, cher enfant,
Part d'un noble sentiment.
   Aide-la souvent,
   Elle t'aime tant,
   Gentille repasseuse.

} bis.

Puisque c'est toi son espoir,
Sois bonne et courageuse,
Dieu là haut saura te voir,
O fille généreuse !
Le courage et la bonté
Donnent la prospérité
   Avec la gaîté,
   A jeune beauté,
   Gentille repasseuse.

Pour bien te faire estimer
Reste laborieuse ;
Et si tu voulais aimer,
Petite soucieuse,
Ne crois pas l'amour léger
Qui n'aime qu'à voltiger.
   Trop souvent changer
   Conduit au danger,
   Gentille repasseuse.

Quand tu vas te délasser
Sous la charmille ombreuse,
Tu vois le ramier passer
Et tu deviens rêveuse ;
Ton cœur, en ce beau séjour,
Eprouve-t-il de l'amour ?
   Ah ! qu'il soit un jour,
   Payé de retour,
   Gentille repasseuse.

Plus d'un te fait les yeux doux,
Fillette gracieuse,
Mais si tu veux un époux,
Crains d'être ambitieuse,
Aime un travailleur humain,
Sans détour et sans chagrin ;
   S'il parle d'hymen,
   Donne-lui la main,
   Gentille repasseuse.   L.-M. HAMEUR.

LE COEUR DE L'OUVRIER.

Air : *Des bâtons de vieillesse.*

Un jeune ouvrier bas-breton,
Voulut aussi faire un voyage,
Et, comme il avait du courage,
Pensait devenir compagnon
Sa pauvre mère cependant
Lui disait d'une voix si douce :
Pierre qui roule, ô mon enfant !
Ainsi n'amasse pas de mousse.

Puisses-tu ne pas oublier
Les doux soins d'une tendre mère,
Et les bons conseils d'un vieux père, { *bis.*
Qui t'attend dans son atelier.

Il sut comprendre cet avis
Quand il fut dans les grandes villes
Sans travail pour ses bras agiles,
Sans appui loin de son pays ;
Mais comme il est de bonnes gens
En tous lieux et surtout en France,
Un bon vieillard en cheveux blancs
Vint lui dire : plus de souffrance !...

   Puisses-tu, etc.

Longtemps chez l'homme généreux
Qui calma son inquiétude,
Il fit preuve d'exactitude,
Et formait les plus nobles vœux ;
Il se disait à chaque instant :
Un jour, j'aiderai la vieillesse...
(Le travailleur est si content
Quand il peut faire une largesse.)

Puis il ne peut pas, etc.

Plus tard, compagnon du devoir,
Triomphant et l'âme légère,
Il va porter dans sa chaumière
Par son talent, l'amour, l'espoir;
Enfin de joie et de bonheur
La silencieuse prairie
Enivre et fait battre son cœur,
Il revoit sa mère chérie!...

Depuis, dans l'ancien atelier,
Il aide le sexagénaire,
Car, faire le bien sur la terre, } bis.
C'est le bonheur de l'ouvrier.)

L.-M. HAMEURY.

LE PAIN DE L'OUVRIÈRE.

Air des *Plaisirs du ménage.*

Ah! pourquoi donc fatigues-tu tes yeux
Sur cette modeste couture,
C'est perdre un temps bien précieux
Que réclame ta chevelure,
Le travail aurait moins d'appas,
S'il occupait ta vie entière.
Quand on est riche, on ne doit pas
Gagner le pain de l'ouvrière.

Chaque matin, dis, n'as-tu pas toujours
Les soins de ta mère chérie;
N'as-tu pas dans les plus beaux jours,
Les bois, les fleurs et la prairie?
A quoi bon t'appliquer, hélas!
Aux travaux d'une journalière.
Quand on est riche, on ne doit pas
Gagner le pain de l'ouvrière.

Oui, cesse enfin, bel ange de douceur,
Cet ouvrage qui m'importune;

A calmer plus d'une douleur
Tu dois ton temps et ta fortune,
Le labeur n'est point, ici-bas,
Fait pour une noble héritière.
Quand on est riche on ne doit pas
Gagner le pain de l'ouvrière.

Enfant, le bal peut offrir mille attraits
A ta jeunesse vive et folle ;
Je crois deviner dans tes traits
Que tu te rends à ma parole.
La fatigue amène à grands pas
La mort qui réduit en poussière.
Quand on est riche, on ne doit pas
Gagner le pain de l'ouvrière. E. BAUMESTER.

TU GRANDIS TROP.

PARODIE

Sur l'air de : *Ne grandis pas.*

Tu grandis trop, ô ma nièce Apolline,
La mauvaise herbe (on l'a dit) croit toujours.
Ton cœur jas'ra, c'est connu, ça s'devine,
Ferme l'oreille à ses trop sots discours.

REFRAIN.

Ne grrrandis plus !... reste laide et bêtasse,
A quatorze ans, on ne voit rien en noir
On ne voit rien en noir.
Si quelque pleur vient humecter ta face,
Pour l'essuyer tu prendras ton mouchoir,
Pour l'essuyer (*bis*) tu prendras ton mouchoir

Tu grandis trop, plus tard, un pas grand' chose
Viendra t'offrir un foulard de quinz' sous ;
Réponds alors, de ta bouche de rose :
Vous m'embêtez ! pour qui me prenez-vous ?
Ne grrrandis plus, etc.

Tu grandis trop.... mais la vie est *aride*,
Et tu l' verras, en regardant ton front,
Si t'as pas l'sou, viens voir ta tant' Placide,
Honnête et pauvr'... connu! gn'y a point d'affront.
Ne grrrandis plus, etc.

Tu grandis trop! c'est ben ce qui me vexe :
Pour s'habiller, ça coût' plus cher encor.
J'te répét'rais, si t'étais de l'autr' sexe :
Grandis! grandis! tu s'ras tambour-major!
Ne grrrandis plus, etc.   Adolphe Joly.

MA BONNE MÈRE, IL REVIENDRA.

ROMANCE.

Air : *Des Bâtons de vieillesse.*

Bonne mère, ne pleurez pas
Si Pierre a quitté sa chaumière ;
Il nous a dit à la frontière :
Je pars affronter le trépas,
Dieu du brave et vaillant soldat,
Exauce toujours la prière,
Avant comme après le combat.
Ah! prions pour lui, bonne mère,
Oui, prions, Dieu nous entendra.
Mère, bannissez vos alarmes,
De Pierre il bénira les armes,   } *Bis.*
Ayez confiance, il reviendra.

Sans doute il est déjà vainqueur,
La cause qu'il défend est sainte ;
Sur son sort n'ayez nulle crainte,
Vous le savez, il a du cœur.
Hier, les Français triomphants,
Ont repoussé tous ces esclaves ;
Honneur et gloire à nos enfants,
Vrais émules de nos vieux braves.

Pierre, sous peu, rapportera
Une croix à sa boutonnière.
Consolez-vous, ma bonne mère, } *Bis.*
Ayez confiance, il reviendra.

Oui, mère, conservez l'espoir,
Car, en nous quittant pour la guerre,
Il ne nous a pas, mon bon frère,
Dit adieu ! mais bien au revoir !
Soudain l'on entend au dehors
Les accents d'une voix amie,
C'était Pierre ! Et sa mère alors
L'embrasse, et, pleurante, s'écrie :
Merci, mon Dieu ! d'avoir enfin
Exaucé les vœux d'une mère !
Faites que la paix, sur la terre, } *Bis.*
De nos maux ramène la fin.

J. A. SÉNÉCHAL.

LE VIN DE CHAMPAGNE,

Air : *J'aime mieux ma mie, ô gué !*

On a chanté tous les vins
De France et d'Espagne,
Les vins grecs et les romains
Et ceux d'Allemagne.
Pour moi, rimeur de bon goût,
Je veux chanter avant tout
Le vin de Champagne,
O gué !
Le vin de Champagne !

Si notre cœur est chagrin,
L'ennui l'accompagne.
Aux accents d'un gai refrain,
Gentille compagne,
Pour renaître à la gaîté,
Buvons le bouchon sauté,
Buvons le champagne, etc.

Amis, versez jusqu'au bord :
 C'est de la montagne,
Et n'envions point le sort
 Du fier Charlemagne.
Dans l'histoire on ne dit pas
Qu'il aimait à ses repas
 Sabler le champagne, etc.

Au feu de cette liqueur,
 La verve nous gagne,
Et jamais un franc buveur
 Ne bat la campagne ;
Il conserve sa raison,
L'esprit s'épanche à foison
 Avec le champagne, etc.

La Champagne est, selon moi,
 Pays de Cocagne,
Je la préfère, ma foi,
 Même à la Bretagne.
La Bretagne a maint coteau...
Il n'y coule que de l'eau.
 Vive la Champagne, etc.

Voyez le troupier français
 Se mettre en campagne.
Il joue avec le succès
 Et toujours il gagne.
Il n'a que du vin clairet,
Que verrions-nous s'il buvait
 Un doigt de champagne,
  O gué !
 Un doigt de champagne !

L. M. Guffroy,

Caporal au 1er régiment de grenadiers de la
garde impériale.

LA PERLE DU TRAVAIL.

ROMANCE.

Air des *Barrières de Paris*, chanté dans la pièce des
Canotiers de la Seine, aux Folies-Dramatiques.

Travaille toujours gaîment.
 Gentille couturière,
Fais glisser agilement
 Ton aiguille ouvrière.
Le travail est le bonheur,
Lui seul réjouit le cœur.
 Redouble d'ardeur,   *bis.*
 Bénis ton labeur,
 Gentille couturière.

Ne te décourage pas,
 Si faible est ton salaire,
Car avec lui tu pourras
 Soulager ton vieux père.
Il n'a que toi pour soutien,
Sois donc son ange gardien.
 Lorsqu'on fait le bien,
 La peine n'est rien.
 Gentille couturière.

Lorsque dimanche viendra,
 Au bal, vive et légère
Ah ! qui te verra, dira :
 Elle est faite pour plaire.
Car le courage, vois-tu,
Relève un front abattu,
 S'il est revêtu
 D'amour, de vertu.
 Gentille couturière.

Quand ton cœur aura parlé
La langue familière
Qui, pour chaque être isolé,
Dit : *Aime !* ou bien : *Espère !*
Epouse un brave ouvrier,
Modèle à son atelier,
C'est du droit sentier,
Ne pas dévier...
Gentille couturière.

Lorsque le temps sonnera
La fin de ta carrière ;
Quand de ta main tombera
L'aiguille roturière,
Ah ! puisses-tu t'endormir,
Sans chagrin, sans repentir.
Va, sache vieillir
Sans jamais rougir.
Gentille couturière.   Aug. MONROY.

ROSE D'AMOUR.

ROMANCE.

Air : *Béranger et l'Académie.*
ou : *Dors mon Enfant.* (V. ROBILLARD.)

La musique, avec accompagnement de piano (**prix : 20 cent.**,
se trouve chez **Le Bailly**, libraire-éditeur, rue Cardinale, 5,
près la rue de Buci (faubourg Saint-Germain).

Lorsque j'étais aimé de l'infidèle,
Je vous disais : Croissez reine des fleurs ;
Roses d'amour. embellissez pour elle,
Qui vous chérit, car vous êtes ses sœurs.
Mais aujourd'hui que le cœur de la belle,
Pour la richesse a quitté mon séjour....
Reines. des fleurs, ne croissez plus pour elle : } *bis.*
Ma rose, hélas ! m'a repris son amour !

Rose d'amour, bien courte est votre vie :
Fraîche au matin, alors que vient le soir,
Sur votre tige, on vous trouve flétrie....
Ainsi que vous, vit un cœur sans espoir !
Hommes et fleurs, notre existence est frêle ;
Pour la briser, il faut à peine un jour....
Reines des fleurs, ne croissez plus pour elle, } bis.
Ma rose, hélas ! m'a repris son amour !

Rose d'amour, votre beauté pâlie,
Va se livrer au caprice du vent ;
S'il vous conduit vers celle qui m'oublie
Oh ! cachez-lui, de mon cœur le tourment !
De moi, peut-être, aujourd'hui l'infidèle,
Rit dans les bras de son amant d'un jour...
Reines des fleurs, ne croissez plus pour elle, } bis.
Ma rose, hélas ! m'a repris son amour !

JULES CHOUX.

TROP PARLER NUIT.

CHANSONNETTE.

Air : *Pour faire un nid*.

Zulmise, légère et bavarde,
Etait indiscrète en amour,
Aussi, sur sa lyre, un vieux barde,
La nommait clochette de jour.
Vous jeunesses, fleurs printanières,
Oh ! gardez bien vos doux secrets,
Et vous trouverez vos carrières
Sans épines et sans regrets.

Car la violette cachée,
Pour éviter les feux du jour,
Est estimée et recherchée,
Avec beaucoup, beaucoup d'amour.

Comme elle, jeune et tendre fille,
Doit savoir garder en tout temps,
Ce qui s'est dit sous la charmille,
Pour s'abriter des médisants.
Si la médisance envieuse,
Venait pour troubler ses amours,
Quelle évite, pour être heureuse,
La jalousie et ses discours.

    Car la violette, etc.

Zulmise est plus tard désolée,
De n'avoir pu se faire aimer,
Pourtant la pauvrette isolée,
Etait belle assez pour charmer.
Mais connaissant son bavardage,
Un chacun la plaint et la fuit ;
Ce qui nous prouve qu'à tout âge,
Et qu'en tout lieu, trop parler nuit.

    Car la violette, etc.

L. M. HAMEURY.

LES BATONS DE JEUNESSE.

CHANSON-PARODIE.

Air *des Bâtons de vieillesse.*

Des gamins jouant au bâtonnet,
Le faisaient sauter, Dieu sait comme,
Passant près d'eux, Monsieur Prud'homme,
Sur son grand nez le recevait.
Sans se fâcher, le bon bourgeois
Dit : le coup, bien loin qu'il m'offense ,
Me rappelle aux jeux d'autrefois...
Aux souvenirs de mon enfance.

Au bâtonnet, gamin, oui-da,
J'ai, pour secouer ma paresse,
Avec d'autres de mon espèce, } *bis.*
Souvent joué comme ceux-là.

Bien que très-mauvais garnement,
J'étais le bijou de mes maîtres;
A six ans je savais mes lettres
Et j'épelais passablement.
Vingt autres charmants rejetons
De la noblesse et la roture,
Comme moi faisaient des bâtons
Dans la classe de l'écriture.

J'y pense encor souvent, oui-da,
Ai-je eu de mon grand-papa Georges,
De ces bâtons de sucre d'orge, } *bis.*
En lui montrant ces bâtons-là !

La fable des *Bâtons flottants*
Me valut un prix de mémoire,
Et, certaines leçons d'histoire,
Des succès plus ou moins *frappants.*
Quittant la classe, croirait-on,
Qu'un *bon* maître d'apprentissage
Me donnait à coups de bâton,
Chaque jour, du *cœur* à l'ouvrage?

N'ayant pas de goût pour cela,
Un jour, le cœur plein d'espérance,
Je pris, pour faire un tour de France, } *bis.*
Un autre bâton que ceux-là.

A vingt ans j'étais caporal,
Et je rêvais à la caserne
Que je portais dans ma giberne
Un beau bâton de Maréchal.
Je fus avec mon régiment
Aux hulàns serrer la cravate,
Et je revins clopin-clopant
Avec un bâton... de Croate.

Dans la vie, il le faut, oui-da,
Qu'on obéisse ou qu'on ordonne,
On est bâtonné, l'on bâtonne, } *bis.*
Et c'est partout comme cela.

Jules CHOUX

AH! DIEU! QU' C'EST BÊT'
D'ÊTR' AMOUREUX!

Chansonnette.

Air : *Ah! si Madame le savait!*

Ah! Dieu, qu' c'est bêt' d'être amoureux!
Depuis qu' jai vu la p'tit' Toinette,
J' dépens' trois heur's à ma toilette,
Je mets d' la pommad' sur mes ch'veux. *(bis)*
Quand je pass' devant un' boutique,
Dans la glac' je m' fais les doux yeux,
Et je souris à mon physique :
Ah! Dieu, qu' c'est bêt' d'être amoureux! *(bis)*

Dès qu'à Toinett' je veux parler,
J' sens mon cœur qui bat la breloque;
Soudain son minois m'interloque,
Et je voudrais bien m'en aller. *(bis)*
Enfin, qu' voulez vous que j' vous dise,
Quand j' fais l'aimable (ah! c'est affreux)!
A chaqu' mot je lâche un' bêtise;
Ah! Dieu, qu' c'est bêt' d'être amoureux. *(bis)*

Hier, je mets mon habit neuf,
J'étais ému dans l' fond d' mon âme,
Car j'allais déclarer ma flamme ;
Bientôt j' deviens roug' comme un bœuf. *(bis)*
Au moment d'entendr' les répliques,
Je me sauve (ô sort désastreux!);
Quand on est sujet aux coliques,
Grand Dieu! qu' c'est bêt' d'être amoureux! *(bis)*

ADOLPHE JOLY.

LES PLAISIRS DE LA CHASSE.

Paroles du **Vte E. de Richemout**

Air *des Plaisirs du village* (de ROMAGNESIE),
ou *A l'âge heureux de quatorze ans.*

Bienheureux ceux qui se plaisent aux champs...
    L'on respire la brise pure ;
Un autre prend les plaisirs innocents
    D'aller pêcher une friture.
Parmi ces agréments si pleins d'attraits,
    Dont pour mon compte je me passe,
Je vais vous retracer en quelques traits } *bis.*
    Tous les vrais plaisirs de la chasse.

Vous qui n'aimez pas vous lever matin,
    Dès quatre heures à votre oreille,
Vous entendez votre enragé voisin,
    Qui, pour la chasse, vous éveille.
Réveil affreux... quand on dormait si bien,
    Et que dehors il gèle à glace. (*On frissonne.*)
On rage... mais on ne voudrait pour rien } *bis.*
    Manquer les plaisirs de la chasse.

Vous voilà donc partis avant le jour,
    Longeant les terres labourées,
Courant, soufflant, parcourant tour à tour
    Les bois, les monts et les vallées ;
Et puis le soir vous êtes tout surpris
    Qu'au lieu de lapin ou bécasse,
Hélas! vous n'avez qu'un *œil de perdrix.* } *bis*
    Voilà les plaisirs de la chasse.

Avec ses chiens courants, un autre jour,
    Votre bon voisin vous engage ;
Il vous poste au fond d'un noir carrefour,
    Pour tirer un lièvre au passage.
Vous êtes là, caché par des genêts,
    Quand tout à coup le lièvre passe :

(Parlé-Pan.)

Votre voisin tire sur vos mollets. } *bis.*
  Voilà les plaisirs de la chasse.

L'été venu, la caille est dans les blés,
  Et vous la poursuivez sans trève;
Quand tout à coup, hélas! vous découvrez
  Un couple assis... qui se relève.
« Grand Dieu, ma femme... au bras d'un freluquet,
  « La rencontre est un peu cocasse !!!
LA F. Mon cher ami, je cueille des bleuets } *bis.*
  Pendant que tu vas à la chasse.

Le lendemain, votre femme aux abois,
  Voudrait manger une brochette,
Et vous vous mettez à courir les bois
  Pour décrocher quelque mauviette.
Vous ajustez un moineau dans les flancs...
  Au même instant le garde passe...
C'est un moineau qui vous coûte cent francs. } *bis.*
  Voilà les plaisirs de la chasse.

Désespéré... vous rentrez à Paris
  Avec la carnassière vide,
Et chez Chevet aux magasins garnis,
  Vous vous présentez l'œil avide.
Vous achetez un superbe faisan
  Que Chevet met dans la besace,
Puis vous rentrez chez vous tout triomphant } *bis.*
  Et fier de montrer votre chasse.

Votre moitié vient vous sauter au cou
  Pour vous embrasser la première;
LA F. Qu'apportes-tu, lui dit-elle, mon bijou?
LE M. Regarde dans ma carnassière.
LA F. Ciel! qu'ai-je vu!... mais c'est un gros homard,
  Qui dans ton carnier se prélasse.
LE M. Ma chère enfant... quand il fait du brouillard, } *bis.*
  On ne sait pas ce que l'on chasse.

EMBRASSONS-NOUS.

ROMANCE.

Air : *Laissez les roses aux rosiers ;*
ou *A genoux devant le soleil.*

Tout refleurit dans la nature,
Adieu les frimas, les autans ;
L'arbre reprend sa chevelure,
Voici revenir le printemps ;
L'oiseau chante sous la feuillée,
L'air est pur, le gazon est doux ;
La nature s'est éveillée,
Bonne Lisette, embrassons-nous.

Nos beaux jours s'enfuiront rapides,
Nos fronts, rêveurs et soucieux,
Plus tard se chargeront de rides,
Le temps blanchira nos cheveux.
Entre mes bras, viens, ma gentille,
Dieu lui-même a dit : Aimez-vous.
C'est l'amour qui fait la famille,
Bonne Lisette, embrassons-nous.

Viens dans ce bosquet solitaire
Respirer et cueillir des fleurs,
Entendre, à l'ombre du mystère,
Les battements de nos deux cœurs.
Vois, le jour se couvrant d'un voile
Marque l'heure du rendez-vous.
Du berger scintille l'étoile,
Bonne Lisette, embrassons-nous.

Alexis DALÈS.

LE MIRLITON DE MADELEINE
ou les Trois Devises.

CHANSONNETTE.

Air: *Donnez-y donc à téter.*

REFRAIN.
Le beau mirliton,
Mirlitaine
Madeleine.
Le beau mirliton,
Madelon.

Madeleine, un jour de fête,
Accepta d'un bon garçon,
Qui de plus n'était pas bête,
Un superbe mirliton;
Chacun s'écriait sans peine,
C'est un bijou, tout de bon. Le beau mirliton, etc.

A la première devise
Avec plaisir on lisait,
« A fille simple en sa mise,
Il faut un mari parfait;
La coquetterie amène
La discorde à la maison. » Le beau mirliton, etc.

La deuxième en style claire,
Etait écrite en ce sens,
« Il faut à vos père et mère :
Porter respect en tout temps;
Et, si chez eux vient la gêne,
Prouvez que le cœur est bon. » Le beau, etc.

A la dernière devise,
On lisait ces quatre vers :
« Chaque dimanche à l'église,
A qui créa l'univers,
Des fautes de la semaine
Il faut demander pardon. » Le beau mirliton, etc.

Madeleine en sa toilette,
Aimait la simplicité,
A ses parents la fillette,
Montrait toujours sa bonté :
Le curé, qu'on s'en souvienne,
La citait dans son sermon. Le beau mirliton, etc.

Madeleine un jour épouse
Le donneur de Mirliton.
Pas une n'en fut jalouse,
Tant on l'estimait, dit-on.
Depuis, et sans perdre haleine,
On chante dans le canton. Le beau mirliton, etc.

J.-E. AUBRY.

LES OISEAUX LIBRES.

Air : *Sous les arceaux de Notre-Dame.*

De mes oiseaux j'ouvre la cage,
Ils s'envolent joyeusement ;
Pour célébrer dans leur ramage
La fuite d'un affreux tourment.
Petits messagers d'espérance,
Reprenez vos tendres ébats,
Sous le beau ciel de notre France,
Chantez la trève des combats !

REFRAIN.

En parcourant l'immensité des airs,
Enivrez-nous de vos concerts. (*Bis.*)

Vous plaisez à la jeune fille
Dont vous êtes les favoris...
Vous charmez l'honnête famille
Songeant à des êtres cheris.
Le cœur tout rempli d'allégresse,
J'admire vos embrassements :
C'est en voyant votre tendresse
Que vous me semblez plus charmants.
En parcourant, etc.

Tandis que l'amour vous protége,
Sylphes heureux que j'aime tant,
Malgré les frimats et la neige,
Chantez pour me rendre content.
Lorsque la gaité sympathise,
Les chants peuvent nous rajeunir;
Le bonheur qui nous électrise
Présage un riant avenir.
En parcourant, etc.

Parfois, dans ma pauvre mansarde,
Songeant aux horreurs de la faim,
Avec bonheur je me hasarde
A vous offrir un peu de pain.
La charité sur cette terre
Craignant de vous voir soucieux,
Pour soulager votre misère,
Tout exprès redescend des cieux.
En parcourant, etc.

Aristide-Sacle.

L'ÉTOILE DU SOIR.

Paroles d'Alphonse Zombach.

Air des *Vingt sous de Périnette.*

Petite étoile du soir,
Resplendissante lumière;
Toi, qui, toujours la première,
Toutes les nuits vient me voir...
Oh! dis-moi, beauté céleste,
N'es-tu pas, reine des cieux,
Cette fille humble et modeste,
Au sourire gracieux?....

Gentille et divine étoile,
Bien doux est ton rayon d'or;
Mais, Florinette, a sous son voile
Deux beaux yeux bien plus doux encore!

Comme l'ange des douleurs,
Du haut de ce globe étrange,
Vois-tu sur ce sol de fange,
Une mère toute en pleurs?....
Es-tu le Dieu tutélaire
De cette épouse d'un jour,
Cherchant, l'âme solitaire,
L'amour d'un premier amour?
Gentille et divine étoile, etc.

Es-tu l'ange des vertus,
Ou la fine pierrerie
Qui brille au doigt de Marie
Lorsqu'elle berce Jésus?
Astre éclatant qui m'enflamme,
Ton aspect met en émoi,
Puis-je t'accorder ma flamme
Quand mon cœur n'est plus à moi?
Gentille et divine étoile, etc.

O belle étoile du soir!
Ton étincelle m'éveille,

Je voudrais, lorsque je veille,
Te garder en mon pouvoir...
Voici tes sœurs radieuses
Se donnant toutes la main ;
Rejoins leurs danses joyeuses...
Je t'attends, seule... à demain !
   Gentille et divine étoile, etc.

LA GLACE.

Air : *Je le conserve pour ma femme.*

Si toute chose au monde a sa saison,
Rendons hommage au Dieu de la nature.
Adieu, verdure, adieu fleurs et gazon !
Voici venir le givre et la froidure.
Des jours heureux du printemps, de l'été,
Le triste automne, hélas ! hélas reprend la place.
Sans refroidir ma verve et ma gaîté,
Malgré l'hiver, malgré sa cruauté,
   Amis, je vais chanter la glace.   (*Bis.*)

En trébuchant, il passe auprès de vous,
Cet amateur des crus de la Bourgogne.
Dans tous pays aussi bien que chez nous,
Ce bon vivant, on l'appelle un ivrogne !
De Jean raisin et de son fruit charmant
Au dieu Bacchus il aime à rendre grâce.
Sur son visage on voit un agrément
Qu'on ne saurait appeler, franchement :
   Un nez à sucer de la glace.   (*Bis.*)

Voyez, plus loin, la mère Gobichon,
Dont la mâchoire est toute tremblottante,
Elle a des gants fourrés, plus un manchon,
Et cependant le grand froid la tourmente.
Contre l'hiver, elle se plaint tout bas ;
Dieu ! qu'elle fait une laide grimace....
Du bout des pieds, marchant à petits pas :
Oh ! quel tourment ! murmure-t-elle, hélas !
   J'ai tout mon pauvre être à la glace.   (*Bis.*)

Fillette sage, évitez les glaçons,
Ils sont à craindre, ici je vous l'assure.
Mais plus encor redoutez les garçons :
Plus dangereux ils sont, je vous le jure.
Au doux langage, à l'éclat de vos yeux,
A vous parler s'enhardit leur audace.
Belles, fuyez bien loin des amoureux ;
Encore un coup, ils sont plus dangereux
   Que de Paris toute la glace.   (*Bis.*)

Honneur et gloire aux soldats valeureux
Qui, dans les jours de nos grandes conquêtes.
Ont fait briller par leurs exploits fameux
A triompher nos armes toujours prêtes.
Ils invoquaient, au milieu des douleurs,
Un souvenir qui jamais ne s'efface....
Voyant la France et ses nobles couleurs,
De la Russie, infortunés vainqueurs,
   Gaîment ils affrontaient la glace.   (*Bis.*)

L. PETIT.

MA GARGOTTE.

Air : *Un jour le bon Dieu s'éveillant.*

J'ai, pour faire mes trois repas,
Un' gargott' comme on n'en voit pas,
L'bouillon est un' vrai' gélatine
Qui vous fortifi' la poitrine ;
A défaut du gaz on pourrait
S'en servir comm' d'huile à quinquet.
Si vous saviez comment on y fricotte,
Vous viendriez tous manger à ma gargotte,
Vous mangeriez tous à ma gargotte.

Que Chevet, les frèr's Provençeaux
Possèd'nt les mets les plus nouveaux.
Dans la gargotte où je me bourre
Il faut voir comme je me fourre
C'qu'on peut trouver d'plus délicat
A raison d'dix centim's le plat.
Si vous saviez, etc.

Point d'œuvert d'argent ni d'maill'chlor
Encor bien moins de couverts d'or;
Si l'on n'donn' pas d'orfévrerie
C'nest pas que d'nous on se méfie,
Mais on trouv' plus prudent, je crois,
De n'donner qu'des cuillers de bois.
  Si vous saviez, etc.

Sans serviett's, sans napp' à liteaux,
On mange sur des tabl's à tréteaux.
Mais le bourgeois, tous les dimanches,
Avec grand soin gratte les planches.
C'travail est pour lui productif,
Attendu qu'il est marchand d'suif.
Si vous saviez, etc.

Pour moi seul quand j'veux deux sous d'bœuf
On pourrait s'régaler à neuf.
J'nai jamais vu donner tant d'viande.
Aussi, d'puis longtemps je m'demande
Si le boucher, qu'on n'peut pas voir,
Tient hors Paris son abattoir.
Si vous saviez, etc.

Si l'endroit n'est pas très-cossu,
On y mange à bouch' que veux-tu.
Là, chacun se remplit la panse
En faisant très-peu de dépense.
Si c'nest pas d'premièr' qualité,
On s'ratrapp' sur la quantité.
Si vous saviez, etc.   J. E. AUBRY.

LE JOYEUX LABOUREUR.

Air : *Je chanterai.*

Joyeux laboureur, j'ai pour habitude
De me rendre aux champs dès l'aube du jour;
J'aime le travail, ma première étude,
J'aime aussi Rosa, mon premier amour.
Oui, je crois la voir sous sa robe blanche :
Ah ! qu'elle est donc belle ainsi le dimanche!

Le plus clair ruisseau qui coule en ces lieux ⎱ *Bis.*
Est l'emblème pur de nos cœurs heureux. ⎰

Au déclin du jour, ma brune compagne,
Ecoute l'écho qui redit mes chants ;
Et, sous les vieux pins de notre montagne,
Dirige ses pas vers mes doux accents.
Est-elle bien loin ? ma voix la rassure ;
Mais si l'on n'entend que le frais murmure
Du ruisseau discret qui coule en ces lieux, ⎱ *Bis.*
C'est qu'au rendez-vous nous sommes heureux. ⎰

Sous le simple toit de notre chaumière,
Des plus tendres soins l'aïeul entouré
Bénit ses enfants dont le cœur sincère
Chérit les parents au front vénéré.
Ainsi coule en paix chaque jour qui passe,
Sans que la douleur germe sur sa trace ;
En nous entr'aidant nous sommes heureux, ⎱ *Bis.*
Et pour l'avenir nous formons des vœux. ⎰

L. HAMEURY.

LE DÉPART DES CANOTIERS,

BARCAROLLE.

Paroles et musique de Ed. de MAHÉAS.

La musique, avec accompagnement de piano (**prix : 20 cent.**), se trouve chez **Le Bailly**, éditeur, rue Cardinale, 6, près la rue de Buci, faubourg Saint-Germain.

REFRAIN.

Gais canotiers, vite embarquons,
La voile est prête.
Sur notre tête,
Le ciel est pur, amis, partons!

Allons loin de la ville,
Paisibles matelots,
Dans un lieu plus tranquille,
Chercher un doux repos,
Bords fleuris de la Seine,

Dont nous aimons le cours,
Notre barque vous mène
Nos amis, nos amours. Ohé ! Ohé !
Gais canotiers, etc.

Sous son aile de toile,
Que tient l'écoute au vent,
Notre canot s'envoile
Et dompte le courant.
C'est ainsi qu'en ce monde,
Se courbant en chemin,
Le sage que l'on fronde
Sait vaincre le destin. Ohé ! Ohé !
 Gais canotiers, etc.

Si la brise indocile
Ne veut pas nous servir,
Notre aviron agile
Remplace le zéphyr.
La gaîté fraternelle
D'un champêtre repas
Bientôt sous la tonnelle
A délassé nos bras. Ohé ! Ohé !
 Gais canotiers, etc.

Sur l'élément humide,
L'étoile, au firmament,
Sert au marin de guide,
Et sur terre souvent,
Par un trompeur mirage,
Qu'à l'homme offre le sort,
Sans quitter le rivage
Il cherche en vain le port. Ohé ! Ohé !
 Gais canotiers, etc.

LE TORERO.

MELODIE.

Paroles et musique de JEAN DESHAYES.

La musique se trouve chez Schlosser aîné, éditeur, rue Royale-
Saint-Antoine, 10.

Demain ! demain, c'est jour de fête,

Demain c'est le Diadi Toro ;
Je veux déposer sur ma tête
Montès et le Chiclarero.
Je veux de terreur et de gloire
A jamais entourer mon nom ;
Oui, je veux après la victoire
Un noble et glorieux surnom.

REFRAIN.

Dans la campagne,
Sur la montagne,
O ma compagne,
Je veux qu'on parle dans l'Espagne,
De Montero,
Le Torero.

J'ai vu, dans sa sombre cabane,
Un taureau noir aux yeux sanglants ;
Fier de sa force, il se pavane
Devant tous ses gardiens tremblants.
Demain, sa colère écumante
Sur moi viendra se déchaîner,
De son sang, ma lance fumante,
A mes pieds saura l'entraîner. (*Au refrain.*)

Puis seul, au milieu de l'arène,
Sous les regards des spectateurs,
Pour prix du courage ma reine,
Jettera son bouquet de fleurs.
Car Dolorès est ma maîtresse,
Celle que j'aime, mes amours ;
Oui, pour mériter sa tendresse,
Je suis prêt à donner mes jours. (*Au refrain.*)

PLANTONS, PLANTONS LA VIGNE.

CHANSON.

Air : *C..., c..., mon père,*
C'est la faute à ma mère.

Plantons, plantons l'arbuste
Dont la sève robuste

Se change en doux trésor
Dans un fruit de pourpre et d'or.

Au sortir de l'arche,
Le vieux patriarche
Noë, grand bienfaiteur,
Fut son premier planteur.
Grâce à ce bon père,
On vit sur la terre
Couler, après tant d'eau,
Un liquide nouveau.
Plantons, etc.

Sombres sapinières,
Vertes pépinières,
Croissez, tout arbre vient
Au sol qui lui convient.
Moi, je mets la vigne
En première ligne.
Et des coteaux brûlants
J'en tapisse les flancs.
Plantons, etc.

J'accorde sans peine
Du respect au chêne,
J'aime le marronnier,
L'orme et le citronnier;
Mais planteur sévère,
Combien je préfère
Aux grâces du lilas
Celle des échalas!
Plantons, etc.

De tout temps les hommes
Ont vanté les pommes;
Chaque fruit est cité
Pour son utilité :
Arbre à haute cime
Est en grande estime,
Mais le pampre, morbleu!
Seul s'est vu faire dieu.

Plantons, etc.   Victor RABINEAU.

CHANSON DE NOCE.

Paroles de **Jules Choux.**

Air de l'*Histoire du Mendiant.*

REFRAIN.

Ici, je vous invite,
Témoins de mon bonheur,
A faire au passé la conduite
En célébrant l'hymen vainqueur;
Chantons amis, chantons en cœur :

CHŒUR DES INVITÉS (*à volonté*).

Air : *Gai, gai, etc.*

Gai, gai, mariez-vous
Vite,
L'amour vous invite,
A goûter, comme nous
Le vrai bonheur des époux !

Chacun se marie à la ronde,
Plus tôt, plus tard, moi, sur ma foi,
Pour empêcher la fin du monde
Et suivre la commune loi,
En ce beau jour je me marie
Et je viens, d'un air tout joyeux,
Parcourir la route fleurie
Des époux et des bienheureux !
Ici, je vous invite, etc.

A vingt-six ans (1), l'homme commence,
A voir qu'il n'est plus jouvenceau.
A vingt-cinq (2), une femme pense
Qu'elle a sa dot et son trousseau.
L'amour, par l'hymen, les rassemble,
Et chaque cœur est soulagé,
Voyant qu'en mettant tout ensemble,
On n'est jamais mal partagé. — Ici, etc.

(1, 2.) Les âges sont ici de convention, l'on devra les changer
selon ceux des mariés.

Dans l'avenir, si la patrie,
Appelait ses fils glorieux
Pour chasser la horde ennemie,
Vaincre ou mourir victorieux...
Pour châtier qui nous offense,
Par l'hymen, fiers de ses succès,
Donnons des fils à notre France...
Ou des mères à des Français ! — Ici, etc.

L'épouse doit obéissance
Au mari, dont l'affection,
Lui donne, par reconnaissance,
Son aide et sa protection.
Donc, entre nous, jamais d'orage :
Nous avons promis en ce jour
Que pour code du mariage
Nous prendrions la loi d'amour. — Ici, etc.

CHACUN SON GOUT.

CHANSONNETTE.

Air : *Du Bataillon d'Afrique.*

Aimez-vous les femmes brunes ?
J'adore les blonds minois ;
Faites-vous servir des prunes?
Je demande des chinois.
Chacun son tempérament,
Je le dis sans artifice,
Si vous avez un caprice,
    V'lan !
  Je lui trouve un pendant.

Aimez-vous fumer la pipe?
Le cigare me va mieux ;
Cultivez-vous la tulipe?
L'œillet me flatte les yeux.
Sifflez-vous un débutant?
J'applaudis dans la coulisse,
Si vous avez, etc.

Détestez-vous la musique?
Je fabrique la chanson ;
De boxer si l'on se pique,
Je préfère le chausson.
Vous tournez le compliment,
La franchise est mon délice,
Si vous avez, etc.

Chacun cherche à sa manière
Le plaisir et le bonheur ;
L'un adore une chaumière
Et l'autre aime la splendeur.
Le philosophe en passant
Peut ajouter sans malice :
Si vous avez, etc.

Vous préférez la campagne,
Moi, je me plais à Paris ;
Vous me versez du champagne
Je veux du beaune ou du nuits.
Vous aimez le vol-au-vent,
J'adore le pain d'épice.
Si vous avez, etc.

Vous admirez les tempêtes,
Je préfère un ciel serein ;
Vous cherchez guerre et conquêtes,
Pour moi la paix est un bien.
Ce qui fait votre agrément
Enfin me met au supplice,
Si vous avez, etc.

L. M. HAMEURY.

MIRONTON, MIRONTAINE.

CHANSONNETTE.

Air : *On dit que je suis sans malice.*

Mironton, tonton, mirontaine,
Oh ! le fameux réfrain, morguenne !...
Il nous rappelle, ô triste sort !
Que monsieur de Malbrouk est mort.

Il vous souviendra, je l'espère,
Qu'il fut porté bien vite en terre.
C'est depuis ce temps-là, dit-on,   } bis.
Que nous avons le mironton.

Un soir, je dis à ma Charlotte :
« Quoi ! tu prétends que je fricote,
« Et tu m'apportes ce matin
« Ce modeste plat d'arlequin !
« Comment nommes-tu ce mélange ?... »
Elle me répondit : « Mon ange,
« Avec tout cela Jeanneton   } bis.
« Va te faire du mironton. »

Vos beaux yeux pleurent, ma cousine ;
Dites-moi ce qui vous chagrine.
Eprouveriez-vous en ce jour
Le mal qu'on appelle l'Amour ?
« Non, me dit-elle avec finesse,
« Ces pleurs ne sont pas de tendresse.
« Je viens d'éplucher de l'oignon   } bis.
« Pour mettre dans le mironton. »

Quand sur la scène dramatique
On dresse un pâté magnifique,
Les convives, remplis d'orgueil,
Nous disent qu'il est de chevreuil.
Vous sentez quelle est leur sottise
L'odeur vous dit qu'on le déguise.
La croûte n'est que du carton,   } bis.
Au fond un plat de mironton.

N'envions pas les riches tables
Couvertes de mets délectables...
Dites-moi donc, à quoi donc bons
Ces fruits glacés et ces bonbons.
Le mironton fait mes délices,
Et pour contenter mes caprices,
Vite en besogne après l'oignon !   } bis.
Et gai ! vive le mironton !

L. PETIT.

LE PAUVRE PIERRE.

Sujet historique.

Paroles de A. SÉNÉCHAL.

AIR : *du Paysan*.

Pierre, tu veux quitter ta mère,
Dit Marie en pressant sa main.
Tu fuis ce que donne la terre,
Ses fruits, les fleurs et le grain,
Et vers Paris tu t'achemines
Sans regretter tes bons parents,
Tes prés, tes agneaux, les chaumines
Et la liberté de tes champs.

REFRAIN.

Avant que l'aube ne se lève,
Pauvre Pierre, tu veux partir.
Crois-moi, ton voyage est un rêve,
Ta mère pourrait en mourir...
Reprends la charrue,
Tes grands bœufs et ton aguillon,
Hue, hue, hue !
Demain, trace encor le sillon.

Penses-tu là-bas, pauvre Pierre,
Que ton sort sera plus heureux ?
Non, non, l'or n'est qu'une chimère,
L'avare est toujours malheureux.
Le joueur que l'or rend servile,
Au jeu perd jusqu'à son honneur.
Crois-moi, ne va pas à la ville
Et reste à jamais laboureur.

Avant que l'aube, etc.

Mais il partit loin de sa mère,
Sans l'embrasser, sans dire adieu,
Et sans regarder en arrière
Le toit de chaume et le saint lieu.
Le fou croyait à la richesse,
Il avait soif de tout plaisir.
Mais à grands pas vient la détresse,
Sans l'hospice il allait mourir.

Avant que l'aube, etc.

Hélas! sur son lit de misère
Il écrivit, plein de doulenr :
« Pardonnez-moi, ma bonne mère,
« Une longue et fatale erreur. »
Soudain, à son côté s'approche
Sa mère. Il la prend sur son cœur.
« A nous, dit-elle, le reproche.
« Reviens, mon fils, pour ton bonheur. »

DERNIER REFRAIN.

« Avant que l'aube ne se lève,
« Pierre, avec nous il faut partir,
« Pour nous ton voyage est un rêve.
« — Sans vous, dit-il j'allais mourir. »
      « A moi ma charrue,
« Mes grands bœufs et mon aiguillon,
           « Hue, hue, hue !
« Je vais retracer le sillon. »

L'ESPRIT.

Rondeau chanté par **M. Bellery** au **Café concert
des Arts** dans *ce qui Manque à Nicette.*

Paroles d'**Adolphe Joly.**

Air de la *Petite Margot.*

Sur cette terre
L'esprit, ma chère,
Ne pousse pas comme le champignon :
C'est chose rare
Plus d'un se pare
D'un grand esprit ach'té d'occasion.

Tout comme l'or, on le cote à la Bourse,
Parfois pourtant, c'est un présent fatal ;
Tel qui jadis n'eût pas d'autre ressource
Est, de par lui, conduit à l'hôpital.

Pour une fille,
Jeune et gentille,
Un peu d'esprit vaut de l'argent comptant;
Plus d'un grand homme
Que l'on renomme,
Eut de l'esprit à défaut de talent.

Depuis longtemps on le récolte en France
Et l'étranger nous l'achète à tout prix;
On peut venir en toute confiance,
Les fournisseurs se trouvent à Paris.

Comme la poudre,
Comme la foudre,
Il brise, il tue, il éclate en tout sens,
Flamme légère,
Très-éphémère,
Tu ne vaux pas le flambeau du bon sens.

De grands frondeurs, dans une grande époque:
Rousseau, Voltaire, et plus tard Beaumarchais,
Avec de l'esprit ont brûlé la défroque
Des préjugés. . . . . . Ce fut un grand succès.

Hélas! tout passe,
L'esprit nous lasse,
On n'en veut plus, on le raille à présent.
Ce qu'on révère,
Ce qu'on vénère
C'est le veau d'or.... quand il est en argent.

Sur cette terre,
L'esprit ma chère
Ne pousse pas comme le champignon:
C'est chose rare,
Plus d'un se pare
D'un grand esprit ach'té d'occasion.

L'EMBARRAS DU CHOIX.

CHANSONNETTE.

Paroles de ALPHONSE ZOMBACH.

AIR *du Vaudeville de la Famille de l'Apothicaire.*

C'est étonnant !... ça me surpasse,
Depuis qu'on veut me marier,
Dans notre endroit lorsque je passe,
J'entends les filles s'écrier :
— Pâtüreau, seul, a su me plaire,
J'aime sa tournure et sa voix.
— A présent, la chose est très-claire,
J'ai, vraiment, l'embarras du choix.

A plusieurs j'ai fait la promesse
De m'avoir bientôt pour époux ;
En tous lieux, et même à la messe,
Plus d'une me fait les yeux doux.
C'est à qui me tape ou me pince...
J'ai des bosses comme des noix ;
Mais je suis plus heureux qu'un prince...
J'ai vraiment l'embarras du choix.

Épouserai-je Marinette,
La brune aux séduisants appas ?...
Ou bien l'agaçante Antoinette ?...
Non !... son air ne me convient pas !
Cora, Zoé, Suzon, Hermance
Ont le teint plus noir que la poix...
Entre Félicité, Constance...
J'ai, vraiment, l'embarras du choix.

Épouserai-je, enfin, Charlotte,
Marguerite, Amanda, Goton,
Joséphine, Élisa, Lolotte,
Andoche, Olympe ou Jeanneton?...
De leur amitié j'ai pour preuve :
Bouquets, faveurs, petites croix...
En fait de fillettes, de veuves,
J'ai, vraiment, l'embarras du choix.

Mon choix est difficile à faire,
Dans l'opulence ayant vécu ;
Car je crois que, pour cette affaire,
Beaucoup n'ont pas même un écu...
Ma foi, je m'abstiens dans mes doutes.
De choisir je crains la leçon ;
Je promets de les aimer toutes...
Mais je reste toujours garçon !

LE MESSAGE DE LA CAPTIVE.

ROMANCE.

Air *de l'Amour du roi* ou

Ah ! si j'étais le roi d'Espagne.

Gentille messagère
De mes tristes amours,
Ma colombe légère,
Je veux, comme toujours,
Confier à ton zèle
Les secrets de mon cœur ;
Emporte sous ton aile,
Ma vie et mon bonheur !

Oiseau chéri, franchis l'espace !
Le ciel est pur, l'air embaumé ;
Pars et rapporte-moi de grâce,,
Un doux mot de mon bien aimé. (*bis.*)

Dis-lui, sur l'autre rive,
Près d'un tyran jaloux,
Que sa Fatmé, captive,
Languit sous les verroux.
Qu'une seule espérance
Vient calmer son ennui :
Celle de voir la France
Et d'y vivre avec lui.

Oiseau chéri, etc.

Dis-lui que ma pensée,
S'échappant jour et nuit
De mon âme oppressée,
Vole au-devant de lui.
Dis-lui, s'il est fidèle,
Comme j'en ai l'espoir,
Que Fatmé, toujours belle,
L'attendra demain soir.

Oiseau chéri, etc.

Jules CHOUX.

LE CHERCHEUR D'AMOURS.

Paroles de Victor Rabineau.

Air : *Laissez les roses au rosier.*

Charme et tourment de l'existence,
Femmes, démons cruels et doux,
Quand vous m'accusez d'inconstance,
Je ne puis m'en prendre qu'à vous.
Je veux une âme qui m'entraîne,
Et ce phénix me fuit toujours ;
Quand je ne tiens qu'une sirène,
Je cherche ailleurs d'autres amours.

Rosine, la prétentieuse,
Eut les prémices de mon cœur ;
Mais son humeur capricieuse
Bientôt refroidit son vainqueur.

Hier agaçante et légère,
Aujourd'hui sourde à mes discours,
L'ange me cache une mégère,
Je cherche ailleurs d'autres amours.

Après Rosine vient Marie,
Plaisant et gracieux minois;
Bavardage et minauderie
Chez elle percent à la fois.
Son sourire est à sa toilette,
Son plus doux rêve à ses atours.
Trop faux est un cœur de coquette,
Je cherche ailleurs d'autres amours.

Battu par la vague moqueuse
Des passions, vaste océan !
J'attends qu'une âme généreuse
M'arrache à ce gouffre béant.
Est-ce l'âge seul qui m'apprête
Le calme avec de tristes jours,
Ou dirais-je enfin : je m'arrête,
J'ai trouvé mes derniers amours ?

LES ENFANTS DU MARIN.

Romance.

Paroles de **Rousselot**. Musique de **J. Deshayes**.

La musique, avec accompagnement de piano, se trouve chez **Le Bailly**, libraire-éditeur, 6, rue Cardinale, près la rue de Buci, faubourg Saint-Germain

Prêt à partir pour un lointain voyage,
Un vieux marin disait à ses enfants:
A mon retour et grâce à mon courage,
J'aurai pour vous les plus riches présents;

Mais avant tout gardez de votre mère
Ce chapelet, mon seul gage d'espoir;
Je le reçus à son heure dernière,
Un jour au ciel nous devons la revoir,
Un jour au ciel nous devons la revoir.

Leste et joyeux, il franchissait la grève
Tout en chantant il répétait ces mots :
Le ciel est pur et la brise se lève,
Mes chers enfants, je reviendrai bientôt;
Si Dieu bénit ma pénible entreprise,
Auprès de vous gaîment j'irai m'asseoir;
Longtemps encor, leur répéta la brise,
Ici bientôt je viendrai vous revoir,
Ici bientôt je viendrai vous revoir.

Deux ans après (c'était un soir d'orage),
Le vieux marin arrivait parmi nous,
Ses trois enfants l'attendaient sur la plage,
Priant le ciel d'apaiser son courroux !
Mais il est sourd à leur chaste prière,
Et chacun dit, pleurant de désespoir :
Il est allé retrouver notre mère,
Un jour au ciel nous irons les revoir,
Un jour au ciel nous irons les revoir.

AH ! QUE LES HOMMES SONT TROMPEURS.

Chansonnette.

Air de *La Belle écaillère.*

Ma fille, apprends que les époux,
Qui nous donnent de si doux songes,
Cachent perfidie et mensonge;
Je dois te le dire entre nous :
Ce sont des tyrans, des jaloux !

Garde-toi de leur air si tendre
Et de leurs propos séducteurs,
Car je vais te faire comprendre
Que les hommes sont des trompeurs. } bis.

D'abord, en nous faisant la cour,
Chacun d'eux est discret, timide ;
Ce n'est que l'amour qui les guide ;
Mais hélas ! par le temps qui court,
Le sentiment prend le plus court.
Bientôt, montrant leur exigence,
Ils sont brutaux et chicaneurs :
Il faut les comprendre d'avance...
Ah ! que les hommes sont trompeurs ! } bis.

Jurant de se prêter toujours
Aux plus légers de nos caprices,
Qu'ils subiront avec délices
Comme autant de preuves d'amours...
Ne crois pas ces faux troubadours !
Quand tu serais au temple même,
Crois-moi, de ces beaux enchanteurs
Chaque parole est un blasphème...
Ah ! que les hommes sont trompeurs ! } bis.

Quand ils vous disent : Mon trésor,
Ma très-belle, ma bien chérie,
Pour toi je donnerais ma vie,
Mon sang, mon âme et plus encor...
Des jours tissus de soie et d'or.
Ta volonté sera la mienne ;
Le lendemain, à ces menteurs,
Il nous faut obéir quand même...
Ah ! que les hommes sont trompeurs ! } bis.

Enfin, puisque tu ne veux pas
Croire en ma vieille expérience,
Du mariage, cours la chance ;
Je t'en ai montré pas à pas
Les ennuis et les embarras.
Et de tout mon cœur je désire
Qu'en ayant goûté les douceurs,
Un jour tu ne viennes pas dire :
Ah ! que les hommes sont trompeurs ! } bis.

S'IL SE POUVAIT
QUE VOUS PUISSIEZ M'AIMER.

ROMANCE.

AIR : *J'étais fou.*

Auprès de vous je passerais ma vie,
Je veillerais et la nuit et le jour,
Oh! donnez-moi, vous ma plus tendre amie,
Un mot d'espoir, un doux gage d'amour.
Oui, croyez-le, mon serment est sincère,
A deux genoux je viens vous le jurer,
De vous aimer plus qu'on aime une mère, } *bis.*
S'il se pouvait que vous puissiez m'aimer. }

Vous hésitez ; soyez donc moins cruelle,
Car dans vos yeux, oui, je crois entrevoir
Briller pour moi la joyeuse étincelle
De mon bonheur par un rayon d'espoir.
Ne m'ôtez pas ce bonheur que j'envie,
C'est mon seul bien, je puis vous l'assurer.
Alors pour vous je donnerais ma vie, } *bis.*
S'il se pouvait que vous puissiez m'aimer. }

Qu'ai-je entendu! se pourrait-il que j'ose
Croire au bonheur ? Ai-je bien regardé
Vous échappez de vos lèvres de rose
Le doux secret que vous aviez gardé ?
Est-il donc vrai, ou bien n'est-ce qu'un rêve ?
Ah! je voudrais ne jamais m'éveiller.
S'il est ainsi, permettez qu'il s'achève, } *bis.*
Car il me dit que vous pouvez m'aimer. }

Auguste DÉCHAUX.

DOUX SOUVENIRS.

ROMANCE.

AIR : *Rêve, parfum.*

Ou : *Ou vas-tu, petit oiseau ?*

Doux souvenirs de mon village,
Vous faites palpiter mon cœur.
Témoins charmants de mon jeune âge,
Penser à vous, c'est le bonheur !
Je crois revoir cette chaumière,
Asile de mes premiers ans ;
Je crois vous voir, ma bonne mère,
Et mes chagrins sont moins cuisants. (*bis.*)
Doux souvenirs, etc.

Je crois la voir, l'humble chapelle
Où Dieu m'accepta pour enfant ;
J'entends ma mère qui m'appelle...
J'accours vers elle triomphant.
Mes premiers pas et mon sourire
La faisaient heureuse, et pourtant
Je crois l'entendre qui soupire
Et puis m'embrasse en sanglotant. (*bis.*)
Doux souvenirs, etc.

Il me souvient de nos veillées,
Aux tristes et longs soirs d'hiver,
Quand nos voix toujours éveillées
Formaient le plus joyeux concert.
Ma grand'mère filait la laine,
Mon père vantait ses exploits,
Et dans ma main ma sœur Hélène
Emprisonnait ses jolis doigts. (*bis.*)
Doux souvenirs, etc.

Il me fallut bien du courage
Pour te quitter, charmant séjour ;
Mes chers parents, mon beau village,
J'espère vous revoir un jour.
Calmez votre douleur amère :
Je veux vous écrire au pays.
Ne pleurez pas, ma bonne mère,
Dieu veillera sur votre fils. (*bis*.)
Je reverrai notre village,
Dont le nom fait battre mon cœur.
Témoins charmants de mon jeune âge,
Penser à vous, c'est le bonheur !

MAXIME GUFFROY.

FLEUVE DU TAGE.

ROMANCE.

Paroles de MEUN. — Musique de POLLER.

Fleuve du Tage,
Je fuis tes bords heureux ;
A ton rivage
J'adresse mes adieux.
Rochers, bois de la rive,
Echo, nymphe plaintive,
Adieu, je vais
Vous quitter pour jamais.

Grotte jolie
Où le temps fortuné
Près de Marie
A si vite passé,
Ton réduit solitaire,
Asile du mystère,
Fut pour mon cœur
Le séjour du bonheur.

Jour de tendresse
Comme un beau songe a fui;
Jours de tristesse,
De chagrin et d'ennui,
Loin de ma douce amie,
Désormais de ma vie
Vont pour toujours,
Hélas! flétrir le cours.

Terre chérie
Où j'ai reçu le jour,
Comme Marie,
Objet de mon amour;
Rochers, bois de la rive,
Echo, nymphe plaintive,
Adieu, je vais
Vous quitter pour jamais.

OH! OUI

C'EST BIEN BON D'AIMER.

ROMANCE.

Paroles de GAY DE LA TOUR. — Musique de Gustave BANEUX.

La musique se trouve chez SCHLOSSER, éditeur, r. Royale-St-Antoine,13.

Comme ils sont courts, ces jours } (bis.)
Consacrés aux amours
Près celle qu'on aime.
Bonheur extrême,
Tout sait charmer (bis.)
Près celle qu'on adore.
Oh! oui, c'est bien bon d'aimer! (bis.) }
Etre aimé!... c'est meilleur encore! } (bis.)

Dieux ! quels instants charmants,
Enchanteurs, enivrants !
  Un cœur qui soupire,
    Sent doux délire
    Qui vient charmer (*bis.*)
Près celle qu'on adore.
Oh ! oui, c'est bien bon, etc.

Lorsque l'amant aimant } (*bis.*)
Obtient l'aveu charmant
  D'amour ! De sa belle
    Toujours fidèle,
    C'est à charmer (*bis.*)
Cet ami qui l'adore !
Oh ! oui, c'est bien bon, etc.

Venez toujours, amours, } (*bis.*)
Venez charmer mes jours.
  Notre âme ravie,
    Passant la vie
    Tout à charmer (*bis.*)
La femme qu'on adore.
Et l'on s'dit c'est bien bon d'aimer ! (*bis.*)
Etre aimé, etc.

LA TROUVAILLE

DU

P'TIOT YVON,

CHANSONNETTE COMIQUE.

Paroles d'ADOLPHE JOLY, musique de V. ROBILLARD.

La musique se trouve chez LE BAILLY, libraire-éditeur,
rue Cardinale, 6, faubourg Saint-Germain.

Ohé ! les gas de la Bretagne !
Ohé ! les Bretons bretonnants !

Du fin fond de votre campagne,
Accourez tous, les bons éfants !
Demain c'est la grande assemblée,
Le vieux biniou résonnera,
Et tout le long de la saulée
Le cidre du bourg coulera.

(*Parlé.*) Oui da ! oui, qui coul'ra le cidre, et qu'jau-
rons mes habits des fêtes : ma veste en futane grise,
mes souliers à bouqeul d'argeint et mein grand câpet
à poil... Sans comptai qui gn'y aura tout plein de
belles boutiques, des marchands d'pain d'apices,
d'crouquignoles, eud d'galette ; et pis des f'seux de
tours, des paillasses, des phanoumènes, des sarpents
qu'a des dards ; des sauvagesses, des giiants, des
moutons à quatre têtes... Oh ! j'aime t'y à voir cha, les
moutons à quatre têtes... Ah ben ! oui, mais pou
s'régalai, pour entrai dans les espectacles, cha coûte
gros et j'avons dépensai mes économies à la noche de
mein parrain : j'on ach'tai des pétards et des candelles
roumaines, même que j'ons incendiai tous mes
ch'veux... Des ch'veux qui m'tombaient dans l'mitan
du dos... J'avons biau mettre du vieux beurre eud
d'sus, y n'voulont point repousser da !... mais c'est
égal :

Lon lan la ! c'est demain la fête,
Lon lan la ! c'est ça du plaisir !
Lon lan la ! je chante à tu'-tête :
Lon lan la ! je vas m'divertir !
J'ons manquai de tomber par terre,
Quoi donc qui m'a fait trébuchai ?
Ça sonne itou comme du verre ;
J'oserons jamais y touchai !
Tiens ! c'est-z-un sac en toile grise ;
Voyons donc voir : ah ! mein Jésus !
C'est lourd !... Pour sûr c'est queuqu'batise...
Oh ! bounnes gens ! c'est des écus !

(*Parlé.*) De vrais écus brillants, sonnants, mignons

comme toût, da!... C'est y joli à voêre, cha!... Mais alôrs, mé v'là richissime : j'vas ach'tai Fougerés, Vitrais et toute la Beurtagne (*si allé est à vendre*). Queu bonheur! et d'main à la fête, j'mont'rons sur lés ch'val ed d'bois, je m'f'rons cadeau d'une bague en vrai d'or... et pis, je m'bourrohs d'friandises; des tortiaux, dés oum'lettes, dés chataignes; j'boirons man pichet d'cid' et je m'prom'en'rons sussé la bourrique à ma tante, en f'sant carillonnai man boursicot dans ma pouquette. Et tous lés gars écarquilleront leurs yeux pou m'admirai, et pis et pis y crieront tertous : Bonjou, m'sieur Yvon!... Vive le tiot Yvon! (*Il rit bêtement.*) Oh! oh! oh!

Lon lan là! été.

Mais dis-mé donc, Yvon, mon homme,
Ces écus sont-ils ben à toi?
Quelqu'un a perdu cette somme;
Rends-la ben vite; sur ma foi!
C'est beau d'être riche à la fête,
D'avoir de l'argent ben mignon;
Mais c'est cor pus beau d'être honnête :
Le bon Dieu te voit, mon Yvon!

(*Parlé.*) Oui da! oui, que j'lés rendrons les acus : c'est d'l'argeint du démon, cha; si j'lés gardions, ce soère à minuit, y serient changés en vipériaux... Tiens! v'là la femme du patour qu'est accroupite... Quoi donc qu'a cherche comme cha?... A pleure. (*Il crie :*) Hé! la femme! quoi donc qu'vous avais perdu?... Quèq'vous disais : Un sac avec des argeins d'deins... C'est y c't'iot là?... Ah! més bounes geins, la v'là ty ty conteinte! a s'en va en sautant, en chantant; mé aussi j'sis joyeux, j'ons l'cœur débarassai... et pourtant (*Avec un peu de tristesse*) j'ons pus rin de rin! Pas un pauvr' sou pércé, pout empêchai l'mauvais œil d'm'empourtai dans l'fin fond d'l'enfar... A m'rappelle, la métayère. (*Criant :*) Chest-y qu'vous avais point vot compte, la femme?... quéqu'

chest qu'cha qu'vous m'donnai?... Quatre pistoles,
pour mé!... vrai de vrai?... Merci, la femme; fallait
point vous dérangeai pour cha. ça s'rait trouvé avec
auteur chose... oh! qué plaisir! j'ons des acus ben a
mé!... c'coup-ci, Yvon, mon mignon, tu vas en pour-
tai deux au vieux barger qu'est maladif, ct'homme,
et avec le reste... (*Il saute de joie.*) avec le reste...
Oh! oh! oh!

Lon lan la! etc.

L'ORAGE
CHANSONNETTE.
Paroles de FABRE-D'ÉGLANTINE, musique de SIMON.

Il pleut, il pleut, bergère,
Presse tes blancs moutons :
Allons sous ma chaumière,
Bergère, vite, allons.
J'entends sur le feuillage
L'eau qui tombe à grand bruit :
Voici, voici l'orage;
Voilà l'éclair qui luit.

Entends-tu le tonnerre?
Il roule en approchant :
Prends un abri, bergère,
A ma droite en marchant.
Je vois notre cabane...
Et, tiens, voici venir
Ma mère et ma sœur Anne,
Qui vont l'étable ouvrir.

Bonsoir, bonsoir, ma mère :
Ma sœur Anne, bonsoir;
J'amène ma bergère
Près de vous pour ce soir.
Va te sécher, ma mie,
Auprès de nos tisons;

Sœur, fais-lui compagnie ;
Entrez, petits moutons.

Soignons bien, ô ma mère !
Son tant joli troupeau,
Donnez plus de litière
A son petit agneau.
C'est fait : allons près d'elle.
Eh bien donc, te voilà ?
En corset qu'elle est belle !
Ma mère, voyez-la.

Soupons : prends cette chaise,
Tu seras près de moi ;
Ce flambeau de mélèze
Brûlera devant toi :
Goûte de ce laitage ;
Mais tu ne manges pas ?
Tu te sens de l'orage ;
Il a lassé tes pas.

Eh bien, voilà ta couche,
Dors-y jusques au jour ;
Laisse-moi sur ta bouche
Prendre un baiser d'amour.
Ne rougis pas, bergère,
Ma mère et moi, demain,
Nous irons chez ton père
Lui demander ta main.

A Mlle LÉONIE GUFFROY,

ARTISTE DRAMATIQUE.

ESPOIR, AMOUR, SOUVENIR,

ROMANCE.

Air : *Marguerite, fermez les yeux.*

Un éclair de vos yeux, charmante Léonie,
Vient de jeter, hélas ! le trouble dans mon cœur.

Je vous aime et je sens que je perdrai la vie
Si vous ne répondez à ma sincère ardeur.
Pour vous la présenter, j'ai cueilli cette rose :
Brillante à votre sein je voudrais tant la voir !
Ah! pour me rendre heureux, il faut si peu de chose !
    O Léonie, un mot d'espoir !   } bis.

Vous prenez en pitié les tourments de mon âme,
Et votre doux sourire apaise ma douleur.
Vous l'avez prononcé, ce mot cher à ma flamme,
D'un innocent amour vous acceptez la fleur.
A votre blanc corsage elle est là qui repose,
Mais la pauvrette, hélas! ne doit vivre qu'un jour.
Pour combler mon bonheur ajoutez quelque chose :
    O Léonie, un mot d'amour !   } bi

Et nous goûtions à deux le bonheur sur la terre,
Et notre affection s'augmentait chaque jour.
Le temps qui flétrissait cette rose éphémère
Sous les regards des cieux épargnait notre amour.
Aujourd'hui le destin, ce monarque morose,
Brise en nous séparant un si doux avenir !...
Il ne me reste plus au monde qu'une chose :
    Cette fleur, votre souvenir !...   } bis.

Maxime GUFFROY.

LA JEUNE FILLE JALOUSE

ROMANCE.

Paroles d'Alphonse ZOMBACH.

Air : *Que je voudrais avoir encor vingt ans.*

Mais, qu'as-tu donc?... Ma surprise est extrême,
Je vois des pleurs qui brillent dans tes yeux ;
Ton sein palpite et ton visage est blême...

Pourtant, ici, tout le monde est joyeux.
Jadis, le bal avait pour toi des charmes :
C'était ta joie et ton plus grand bonheur ;
Mais, aujourd'hui, pourquoi verser des larmes ? } bis.
Je t'en supplie, oh ! réponds-moi, ma sœur !

De nos salons, où règne l'allégresse,
Pourquoi sortir d'un mouvement soudain ;
Et sur Lucien, qui t'aime avec ivresse,
Jeter encore un regard de dédain ?
Votre union est toute préparée...
Quelle tristesse excite ta douleur ?...
N'es-tu donc pas la plus belle et parée ?... } bis.
Je t'en supplie, oh ! réponds-moi, ma sœur !

Chut ! écoutons ! C'est le prélude... on chante !
Reconnais-tu cet air charmant et doux ?...
Quelle harmonie et quelle voix touchante !
C'est l'inconnue et ton futur époux.
— De triompher, oh ! combien, dit Julie,
Je serais fière et je veux cet honneur !
— Pourquoi lutter ?... D'où vient cette folie ? } bis.
Je t'en supplie, oh ! réponds-moi, ma sœur !

— A vos talents, dit Lucien, l'on aspire ;
Mais, faible encore est ma sœur, je le sens...
— Qu'ai-je entendu ?... Votre sœur ! Je respire !
Un trouble affreux agitait tous mes sens !...
Demain, Lucien, je serai votre épouse,
Voilà ma main, vous possédez mon cœur...
Je vous promets de n'être plus jalouse..
Et toi, mon frère ! oh ! pardonne à ta sœur !
Pardonnez-moi d'avoir été jalouse...
Mademoiselle... embrassez votre sœur !

POUR UN PEU D'OR

ROMANCE.

Paroles et musique de MARIA LIFFORT,

La musique se trouve chez CHABAL jeune, éditeur,
rue Christine, 3.

J'ai tout quitté : la maison de ma mère,
Mon beau pays et mon fidèle amour ;
Mais bien souvent à ma pauvre chaumière,
Tout bas je songe, et j'aspire au retour,
    Et j'aspire au retour.

REFRAIN.

J'étais parti le cœur plein d'espérance,
Avec bonheur j'avais pris mon essor ;
Sans un regret, loin de ma chère France,
J'avais pu fuir, hélas ! pour un peu d'or,
    Hélas ! pour un peu d'or.

On m'avait dit, égarant ma jeunesse :
Il faut de l'or, crois-moi, c'est le bonheur·
En écoutant cette vaine promesse,
Qui me berçait dans un rêve enchanteur,
    Dans un rêve enchanteur.
    J'étais parti le cœur etc.

Et maintenant j'ai les biens qu'on envie,
J'ai les plaisirs qu'on achète ici-bas ;
Mais le bonheur qui doit charmer la vie,
Tous les trésors ne le donneraient pas,
    Ne le donneraient pas.

Et je me dis, j'irai plein d'espérance
Dans ma patrie, et pour goûter encor
D'un saint amour la pure jouissance,
Qui ne se vend jamais pour un peu d'or,
    Jamais pour un peu d'or.

NIZZA LA BOHÉMIENNE

CHANSON.

Paroles et musique de MARIA LIFFORT.

La musique se trouve chez CHABAL jᵉ, éditeur, r. Christine, 5.

REFRAIN.

Je suis Nizza, pauvre bohémienne,
Ah! ah! ah! ah!
Près de moi je vois accourir.
Ah!
De tout secret je suis la gardienne.
Ah! ah! ah! ah!
Car j'ai le mot de l'avenir,
De l'avenir.

Venez, venez entendre un merveilleux oracle,
Je lirai son destin dans les yeux de l'enfant,
Dans les yeux de l'enfant,
Et sur ses blonds cheveux je dirai sans miracle
Si des maux de la vie il sera triomphant,
Il sera triomphant. (*Au refrain.*)

Aux jeunes fiancés je puis aussi prédire
Si doit briller sur eux l'étoile du bonheur,
L'étoile du bonheur.
Les astres sont pour moi le livre où je sais lire,
Ils m'ont dit les secrets du divin Créateur,
Du divin Créateur. (*Au refrain.*)

Et puis j'aurai pour vous le charme qui console.
Ma magie adoucit les plus tristes douleurs,
Les plus tristes douleurs.
Contre l'amour perdu, qui loin de nous s'envole,
Je pourrais vous offrir des philtres enchanteurs,
Des philtres enchanteurs. (*Au refrain.*)

LA FOLLE

ROMANCE.

Musique d'Albert GRISAR.

Tra la la la, tra la la la } *bis.*
   Quel est donc cet air ?

Ah! oui, je me souviens, l'orchestre harmonieux
Préludait vivement par ses accords joyeux;
Il s'avança vers moi, sa voix timide et tendre
Murmura quelques mots que je ne pus entendre.
Je voulais refuser, et je ne pus parler;
Et lui, saisit ma main, je le sentis trembler;
Moi, je tremblais aussi, son long regard de flamme
En des pensers d'amour avait jeté mon âme,
Et pendant tout le bal je ne pensais qu'à lui *(bis)*.

Tra la la la, tra la la la } *bis.*
   D'où me viennent ces sons ?

Ah! oui, je me souviens, quinze jours écoulés.
Le soir, au bal brillant, par la valse entraînés,
O comble de bonheur! félicité suprême!
Sa bouche à mon oreille a murmuré je t'aime!
Et faible que j'étais, je ne pus résister;
Puis sur mon front brûlant je sentis un baiser.
Oh! seulement alors je connus l'existence,
L'amour et son bonheur, sa force et sa puissance;
Et je ne vivais plus, car j'étais toute en lui. *(bis.)*

Tra la la la, tra la la la } *bis!*
   Que ces sons me font mal ?

Ah! oui, je me souviens, je fus heureuse un mois;
Et depuis ce moment je soupire toujours.
Cette valse, écoutez, c'est pendant sa durée
Qu'il était à ses pieds, que sa bouche infidèle
Lui jurait qu'il l'aimait, et ne m'aima jamais !....
Je sentis, à ces mots, ma tête se briser,
Un horrible tourment tortura tout mon être!...
Que j'aime les plaisirs, la parure et la danse!...
Que je souffre, ô mon Dieu! rien qu'en pensant à lui! *(bis)*

LA POULE AUX ŒUFS D'OR

CHANSON

D'après la féerie représentée au Théâtre impérial, à Paris.

Air : *Un' jeun' fille avait un père.*

Un bonhomme avait un' poule
Plein' de talents merveilleux,
Je crois qu'on a perdu l'moule
D'un oiseau si précieux.
Figurez-vous que ce trésor,
 Je n'sais si l'histoire
  Est notoire,
Chaque jour, sans aucun effort,
Pondait à son maître un œuf d'or.
C'qui fait qu'Anselin' le laboureur,
Sans être encore un grand seigneur,
Filait des jours pleins de bonheur.

Anselin', pour autre richesse,
Cinq grands garçons possédait.
 Il leur fit fair' la promesse
De respecter son secret.
Mais l'pauvr' cher homme un certain jour,
 Rendit l'âme
  Ainsi que sa femme,
Et, trouvant le secret trop lourd,
Babylas, pour faire un bon tour,
Se cach' tout seul dans l'poulailler,
Voit notre poule travailler
Et pondre un œuf sur le fumier.

A ses yeux le trésor brille :
Des œufs d'or à plein panier ;
Grand émoi dans la famille,
Ils pillent le poulailler.
Cocorico leur dit : Curieux

Cett' poul' sans cesse
F'ra vot' richesse.
Profitez donc de votre mieux
Du bien que vous envoient les dieux ;
Formez bien vit' votre souhait,
Chaque œuf brisé, sans nul délai,
Accomplira ce qu'il vous plaît.

Les voilà s'creusant la tête
Pour former l'souhait le plus beau ;
L'un va faire la conquête
Du royaum' de Monaco.
Un autr' devient Mamamouchi,
Près de la porte,
Son œuf l'emporte.
Babylas qui n'a rien choisi,
Après avoir bien réfléchi,
Veut être roi des animaux ;
Et d'un éléphant des plus gros
Il se trouve à plat ventr' sur l'dos.

Or, la princess' Fanfreluche,
A son papa Grosminet,
Disait : « Vous n'êt's qu'une cruche, »
Par le nez ell' le menait.
Nos gars tour à tour
Fir'nt la cour
A cette fille
Vraiment gentille.
Qui leur dit : je n'puis faire un choix,
Vu que j'vous aime tous les trois.
Leurs amours allaient donc très-mal,
Fanfreluch', défaut capital,
Possédait un cœur d'hôpital.

Ce cœur que l'amour irrite
Au blond Polycarp' *volait (vollet)*,
Du brun Babylas ensuite,
Le Col brun (Colbrun), elle adorait ;

Pour Barnabé, puis elle en t'nait,
      Si bien, qu'son père
      N'savait qu'en faire.
Le bel (*Lebel*) oiseau pondait toujours
Mais n'avançait pas leurs amours.
Satan, les voyant dans l'pétrin,
S'apprête à v'nir un beau matin
Avec tout le diable et son train.

    Cependant, sans peur ni r'proch. .
    Le dernier des cinq garçons,
    Urbain, vertu d' la vieill' *roche* (*Roche*).
    Ménageait ses ducatons,
A Florin' qu'il aimait d'tout cœur,
      Il voulait taire
      Un tel mystère.
Mais dans sa curieuse ardeur,
Florine causa son malheur;
Et par un sort malencontreux,
Nos frères, toujours amoureux,
Fur'nt forcés d'fair' la guerr' *sans œufs*.

    Grosminet frapp' sur sa boule !
    Une idée à pris l'essor :
    Il faut éventrer la poule;
    Nous aurons tous ses œufs d'or.
La pauvre poule aux œufs d'or (*dort*) :
      La troup' mutine,
      L'assassine....
Les voilà tous dans d'mauvais draps....
Ils veulent courir au trépas.
Mais Urbain casse un dernier œuf,
R'voit sa chaumièr' remise à neuf,
Et c'est le diabl' qui s'trouva l'bœuf.

    Cette histoire, intéressante
    Pour les enfants p'tits et grands,
    Est une preuve éclatante
    D'un fait des plus évidents.
Combien de gens, qui de leur bien

Font un usage
Fort peu sage!
Imitons l'exemple d'Urbain,
Prenons souci du lendemain,
Sans avoir trop de bonne foi,
Pour échapper au désarroi,
Conservons un' poir' pour la *SOIF*.

Maxime GUFFROY.

LE CHEVAL DU SOLDAT.
CHANSON MILITAIRE.
Paroles et musique d'Ed. HOCMELLE.

La musique se trouve chez SCHLOSSER aîné, éditeur,
rue Royale-Saint-Antoine, 13.

Adieu donc, mon vieux camarade,
Au corps souplé, au nazeau fumant,
Tu n'iras plus à la parade,
Toi, qu'on citait au régiment (*bis*).
Allons, de la philosophie,
Ici-bas chacun finira.
Tu meurs d'une balle ennemie, } *bis.*
Le beau trépas que celui-là !
Te rappelles-tu quelle gloire,
Quand, rapide comme l'éclair,
Tu m'entraînais à la victoire,
Bravant le feu, bravant le fer? (*bis.*)
Allons, de la philosophie,
Mon brave, on te regrettera.
Tu meurs d'une balle ennemie, } *bis.*
Le beau trépas que celui-là !
Tu n'as pas quitté ton vieux maître,
Ensemble nous devions finir.
Vers le pays qui m'a vu naître
Il me faudra seul revenir. (*bis.*)
Ah! malgré ma philosophie,
Tristement je songe à cela.
Tu meurs d'une balle ennemie, } *bis.*
Je n'aurai pas ce bonheur-là.

LE DÉPART DU GRENADIER

Guernadier, que tu m'affliges
En m'apprenant ton départ,
Va dire à ton capitaine
Qu'il te laisse en nos cantons,
Que j'en serai bien aise,
    Contente, ravie,
De t'y voir en garnison.

Ma Fanchon, sois en ben sûre,
Je ne t'oublierai jamais;
C'est ton amant qui te l'jure,
Et crois bien qu'il n'aura pas
Le cœur assez coupable,
    Perfide, barbare,
D'oublier tous tes attraits.

Guernadier, puisque tu quittes
Ta Fanchon, ta bonne amie;
Tiens, voilà quatre chemises,
Cinq mouchoirs, une pair' de bas.
Sois-moi toujours fidèle,
    Constant, sincère,
Je ne t'oublierai jamais.

COMMENÇONS LA SEMAINE

Commençons la semaine ;
Qu'en dis-tu, cher voisin?
Commençons par le vin.
Nous finirons de même.
Vaut bien mieux moins d'argent,
Chanter, danser, rire et boire;
Vaut bien mieux moins d'argent,
    Rire et boire plus souvent.

On veut me faire accroire
Que je mange mon bien;

Mais on se trompe bien,
Je ne fais que le boire.
Vaut bien mieux moins d'argent.
Chanter, danser, rire et boire;
Vaut bien mieux moins d'argent,
  Rire et boire plus souvent.

Si ta femme querelle,
Dis-lui, pour l'appaiser,
Que tu veux te griser,
Pour la trouver plus belle.
Vaut bien mieux moins d'argent,
Chanter, danser, rire et boire;
Vaut bien mieux moins d'argent,
  Rire et boire plus souvent.

Le receveur des tailles
Dit qu'il vendra mon lit,
Je me moque de lui:
Je couche sur la paille.
Vaut bien mieux moins d'argent,
Chanter, danser, rire et boire;
Vaut bien mieux moins d'argent,
  Rire et boire plus souvent.

Au compte de Barême,
Je n'aurai rien perdu,
Je suis venu tout nu,
Je m'en irai de même.
Vaut bien mieux moins d'argent,
Chanter, danser, rire et boire;
Vaut bien mieux moins d'argent,
  Rire et boire plus souvent.

Providence divine,
Qui veille sur nos jours,
Conserve-nous toujours
La cave et la cuisine.
Vaut bien mieux moins d'argent,
Chanter, danser, rire et boire;
Vaut bien mieux moins d'argent,
  Rire et boire plus souvent.

LA CROIX D'HONNEUR.

CHANSON.

AIR *des Gueux* (Béranger).

Honneur! honneur
A la croix d'honneur!
Ce signe vainqueur
De la valeur.

D'un préjugé les esclaves
Nomment la croix un hochet,
Pourtant sur le cœur des braves
Napoléon l'attachait.
 Honneur, etc.

Qui porte à sa boutonnière
Un hochet si glorieux,
Doit avoir une âme fière,
Marcher le front orgueilleux.
 Honneur, etc.

Au soldat, après la guerre,
C'est le prix de mille efforts;
Pour les regards d'une mère,
C'est le plus beau des trésors.
 Honneur, etc.

Au service de la France,
Peut-être il perdit un bras.
Sur son cœur en récompense
Brille l'astre des combats.
 Honneur, etc.

Du marin c'est la conquête,
Pour elle il franchit les mers.
Comme il brave la tempête!
Que de maux il a soufferts!
 Honneur, etc.

Le docteur dont la science
A triomphé du trépas,
Le sauveur de l'indigence
Ne la recevront-ils pas ?
    Honneur; etc.

De l'artiste le génie
Éprouvé par le malheur,
Peut aussi de la patrie
Mériter la croix d'honneur.
    Honneur, etc.

Et cette femme intrépide,
Sœur du héros abattu,
Sa croix d'honneur est l'égide
Qui défendra sa vertu.
    Honneur, etc.

C'est la couronne mortelle
De l'aumônier généreux,
En attendant l'éternelle
Que Dieu donne dans les cieux.
    Honneur, etc.

Récompense sans limite,
La croix d'honneur est pour tous.
Gloire, talents ou mérite,
C'est votre prix le plus doux.
    Honneur, etc.

Mais que jamais on ne brigue
Un bijou si plein d'attraits,
Devoir sa croix à l'intrigue
N'est pas digne d'un Français.

    Honneur ! honneur
    A la croix d'honneur !
    Ce signe vainqueur
      De la valeur.

                Maxime GUFFROY.

LE PAPILLON

ROMANCE.

Paroles d'Emile GRIMAUD; musique de Marcel PELLETIER.

La musique se trouve chez CHABAL jeune, éditeur,
rue Christine, 3.

Au papillon il faut l'air et l'espace
Et le rayon qui descend d'un beau ciel;
Son aile s'ouvre à la brise qui passe
Et qui l'emporte aux calices de miel.
Vous croyez voir une fraîche corolle
Lorsqu'il reprend son essor agité.
  Pourquoi saisir le papillon qui vole?
  Au papillon laissez la liberté. } *Bis.*

Qu'un souverain de gloire s'environne,
De pourpre et d'or qu'il tisse ses habits;
Que sur son front sa superbe couronn
Fasse reluire et perles et rubis;
Vêtu par Dieu, le papillon frivole
Surpasse encor son éclat emprunté.
  Pourquoi saisir, etc.

Le Créateur, en formant toute chose,
Assigne à tout un destin à remplir;
Sur son rameau s'il fait fleurir la rose,
La rose doit y briller et pâlir.
Le pauvre oiseau, dont le chant nous console,
Naît au printemps pour égayer l'été.
  Pourquoi saisir etc.

HISTOIRE DU ROBINSON SUISSE

TOQUADE D'UN PARISIEN PUR-SANG,

Sur l'air : *Suzon sortant de son village.*

Un beau jour, qu'il pleuvait à verse
Sur mer un vaisseau naviguait.
C'était un bâtiment d' commerce,
Pour le roi d' Prusse il trafiquait.
  Le bâtiment,
   Malgré l' coup d' vent,
Voulait marcher et donner de l'avant...
   Il chavira,
   Il s'enfonça;
Tout l'équipag' fut bien contrarié d' ça.
  Il n' resta plus pour le service
  Qu'un père, un' mère et leurs quatr' fils.
  Ils n'étaient pas nés à Paris,
   Vu qu'ils étaient d' la Suisse. (*bis.*)

Enfin, lassés de fair' la planche,
Avec des cercles de tonneau ,
Pour échapper à la mer Blanche,
Ils se construisir'nt un bateau.
   Les quatre enfants
   Sautèr'nt dedans,
Sans oublier deux chiens et leurs parents;
   Puis chacun fit,
   D' bon appétit,
Un fin repas de madère et d' biscuit.
  Soudain voyant une écrevisse,
  Qui n' marchait pas à reculons,
  L' père dit : J' crois que nous approchons,
   Mais pas d' la terr' de Suisse. (*bis.*)

Pour mieux connaîtr' nos personnages
J' vous dirai, pour vous l' fair' savoir,
Qu' c'étaient des gens on n' peut plus sages,

N' manquant jamais à leur devoir.
Pour leur salut,
L' bon Dieu voulut
Qu' cett' île déserte à premièr' vu' leur plut.
Ils fir'nt très bien...
Dans c' bon terrain
Tout mûrissait de la veille au lend'main.
Ils n'avaient point de pain d'épice,
Du moins l'auteur n'en parle pas,
Mais ils pouvaient avant les r'pas
Prendr' leur absinthe suisse.   (*bis.*)

C'était merveille sur merveille,
Dans l'il' déserte on trouvait d' tout,
Depuis l' corail jusqu'à d' l'oseille,
D' la porcelaine et du bambou,
Des ortolans
Et des flamands,
Des sing's, des ours, et des orangs-outangs ;
Des esturgeons
Et des pigeons,
Des pomm's de terr', des autruch's, des goujons !..
Pourtant ils fir'nt le sacrifice
D' leur ân' mangé par un serpent,
Qu'ils crur'nt garder en l' conservant
Dans du vulnérair' suisse.   (*bis*)

Mais il est un r'vers de médaille
A tous les bonheurs d'ici-bas.
Ils dur'nt souvent livrer bataille
Pour éviter l' cruel trépas,
Aux dents des ours,
Puis aux vautours.
Ernest et Franz dur'nt disputer leurs jours
Sur le boul'vard,
S' prom'nant fort tard,
Jack fut au pied pincé par un homard.
Enfin, pour dernier artifice,

Ils él'vèr'nt sur des escaliers
Dans un chên' de cent trent'-six pieds,
  Un petit châlet suisse.   (bis.)

Ils vécur'nt ainsi dix années,
 Retirés comme de bons bourgeois.
Toutes les bêt's étaient domptées,
C'était l'âg' d'or au fond des bois !
   Pendant qu' l'on dort,
   Du haut d' son fort,
Fritz aperçoit un vaisseau de haut bord.
   Il dit : « Papa,
  « Qu'est-c' que c'est qu' ça ? »
L'bon vieux r'connaît un brick du Kamschatka!…
 Avec le brick dans l'îl' propice
 Le suiss' de Saint-Roch aborda…
C'est ce qui fait qu'on la nomma
  L'île du nouveau suisse.   (bis.)

CONCLUSION ET MORALITÉ.

Cette historiett' fort instructive
Nous enseign' plus d'un' vérité :
D'abord c'est qu'une tête active
Donne à nos bras de l'habil'té.
   Ensuit' de ça,
   C'est qu'un papa
Doit être malin pour en arriver là ;
   Que les enfants
   Obéissants
Sont des bijoux bien aimés d' leurs parents ;
 Enfin qu'il faut, pour fuir le vice,
 Pratiquer en gros les vertus
Dont les détails sont contenus
  Dans le Robinson suisse   (bis.)

Maxime GUFFROY.

JE VEUX RESTER ESCLAVE

MÉLODIE

Paroles et musique de M. Luigen.

La musique se trouve chez SCHLOSSER, éditeur,
rue Royale-Saint-Antoine, 13.

Je me courbe en silence et je subis l'outrage,
Mon bras ne frappe pas l'insolent oppresseur.
C'est un fatal amour qui brise mon courage,
C'est un fatal amour qui dompte ma fureur.

REFRAIN.

Je veux rester esclave
Pour être près de toi.   (bis)
Le trépas, je le brave,
Mais de grâce aime-moi;
Pitié pour ma démence,
A mon malheur prends part;
Ah ! calme ma souffrance   } (ter).
Par ton divin regard.

Es-tu sourd à nos cris, disent nos pauvres frères,
Ne vois-tu pas les pleurs qui brillent dans nos yeux?
Quand donc vengeras-tu nos femmes et nos mères;
Quand donc briseras-tu notre esclavage affreux?
            Je veux, etc.

Frères, ah ! laissez-moi, laissez-moi mon servage,
Frères, cachez les pleurs qui brillent dans vos yeux;
Car un fatal amour a brisé mon courage,
C'est un fatal amour qui m'enchaîne en ces lieux.
            Je veux, etc.

LE PÈLERINAGE
DE LA BUTTE MONTMARTRE.

RONDE.

Airs de la *Ronde du sou* ; ou : de la *Petite Margot.*

Salut à toi, salut butte Montmartre !
A ton aspect je me sens rajeunir.
Sur tes gazons, enfant, j'allais m'ébattre ;
Devenu vieux, je cherche un souvenir.

Mais qu'ai-je vu, après vingt ans d'absence,
Plus de gazons, plus d'épis, plus de fleurs !
Montons toujours ; quoi ! toujours le silence ;
Mais où sont donc tous tes joyeux buveurs ?

Ah ! oui, j'y suis, au moulin d' la galette
Je trouverai au moins un souvenir ;
Mais les buveurs, le pain bis, la piquette
Ont disparu pour ne plus revenir.

En regardant devant moi dans l'espace,
Oui, j'ai compris, rien ne dure ici-bas !
Moulin, palais, femme ou fleur, tout s'efface,
Comme ce sable effacé sous mes pas.

Mais tout là-bas, quel est donc ce beau dôme ?
C'est l'Institut, oui, j'en vois le fronton ;
A mes regards il paraît un atome
Dieu dans sa main tient le monde, dit-on !

Mais faisons trève à ma philosophie,
Cherchons plus loin de plus riants tableaux.
Oh ! prête-moi, sémillante folie,
Ton gai hochet pour gravir ces coteaux.

Oui, ce hochet, dont ma folle jeunesse
Joyeusement agita les grelots,

Et qui me fit oublier la sagesse,
De qui dépend les bons ou mauvais lots.

Sur ces hauteurs dominant la grand'ville,
Souvent la lune éclaira mes ébats,
Et j'ai parfois, au bois de Romainville,
Cueilli des roses, en cueillant des lilas !

De la folie la marotte inconstante
M'a transporté dans les bois de Meudon,
Et j'y revois de Fanny, fille aimante,
Sur un bouleau, le nom près de mon nom !

Voilà Saint-Cloud, holà ! gais camarades,
Vite assiégeons et pâtés et melons ;
Et puis de vin ayant bu des cascades,
Nous entonnions..... un chœur de mirlitons !

Vive l'amour, vive la folle ivresse,
Vive Saint Ouen, vive Montmorency ;
J'avais vingt ans, j'avais une maîtresse
(C'est pour rimer que je dis une ici).

O temps heureux, combien je vous regrette !
Vous n'êtes plus, et, mirages trompeurs,
J'entends la voix d'une fraîche grisette,
Le vent m'envoie des lilas les senteurs !

Je vois là-bas les rivages d'Asnières,
De Tivoli les marronniers en fleurs ;
Quel est ce bruit ? oh ! c'est de la Chaumière,
Les gais refrains, les joyeuses clameurs !

Mais près de moi quel est donc cette pierre,
Que le boulet effleura en passant ?
Je me souviens, oui, voilà la poussière
Que souleva le coursier d'un hulan !

Jusqu'à mes pieds, comme une mer immense,
Monte et s'étend l'Océan parisien,

Montmartre, adieu, je n'ai pas la science
De te prédire ou le mal ou le bien.

Mais laisse-moi une douce espérance,
Sois forte encor si venait le danger,
Que mes enfants, oh! que jamais la France,
Sur ton sommet ne voient l'étranger!

Soudain je vois le drapeau tricolore
Flotter là-haut sur une blanche tour;
C'est Malakof, Ah! pour mon cœur encore,
Dieu m'a gardé, je le vois, un beau jour

Jules DE BLAINVILLE.

LE MARIN.

ROMANCE.

Paroles d'Eugène de Lonlay; musique de L. Clapisson.

La musique se trouve chez A. QUANTIN, éditeur,
boulevard Poissonniere, 25.

Il est doux de livrer ses chansons à la brise,
Quand on est seul assis parmi les genets verts,
D'écouter vers le soir les accents de l'église,
Eveillant les échos au vaste champ des airs.
Il est plus doux cent fois, aux éclats du tonnerre,
De chasser l'étranger à l'heure des combats.
Il est plus doux de voir notre foudre en colère
Décapiter ses mâts! décapiter ses mâts!
Il est doux sur la lande où voltige l'abeille,
Ainsi qu'elle au matin de prendre son essor,
De suivre dans les cieux l'aube fraîche et vermeille,
Inondant l'horizon de mille gerbes d'or.
Il est plus doux, etc.

Il est doux, quand l'été s'est penché sur la terre,
De chercher la fraîcheur au milieu des forêts;
Il est doux de trouver un abri tutélaire,
Quand on est loin des siens, exilé pour jamais.
Il est plus doux, etc.

GENTILLE ANNETTE.

Gentille Annette,
Tu vas seulette,
Sous la coudrette,
Chanter le Robin-des-Bois :
C'est pour savoir si le printemps s'avance,
Pour chasser l'échéance
De nos climats d'hiver.
Tra la la la la, etc.

Dans le village,
Sous le feuillage,
Tu surpasses, je gage,
Même la cour des rois.
C'est pour savoir, etc.

Gentille hirondelle,
Déployant tes ailes,
Tu fuis avec elle
La coupe des bois.
C'est pour savoir, etc.

Le beau Narcisse,
La croyant novice,
Près d'elle se glisse,
La suit pas à pas.
C'est pour savoir, etc.

Hirondelle volage,
Parcourant le bocage,
Tu fuis à l'ombrage
Des pays déserts.
C'est pour savoir, etc.

Adieu donc, ma belle;
Adieu donc, cruelle;
Jamais de nouvelle
Tu n'auras de moi.
C'est pour savoir, etc.

LA MESSAGÈRE.

ROMANCE.

Paroles de **T.-S. Quentin**; musique de **E. Hemet.**

La musique se trouve chez **CHABAL** jeune, éditeur,

rue Christine, 3.

— Gracieuse hirondelle,
Ramenant les beaux jours,
Me parles-tu de celle
Que j'aimerai toujours,
Quand ton aile légère,
Dans les climats divers,
Rapide messagère,
Fend la plaine des airs?
— J'amène l'espérance,
La saison des amours,
Sur la terre de France
Qui m'appelle toujours;
A l'an qui vient de naître
J'annonce le beau temps,
Mon nid sous ta fenêtre
Chantera le printemps.

— Te souviens-tu, ma belle,
Pour qui je mis un jour,
A l'ombre de ton aile,
Un message d'amour?
Dis-moi, que pensa-t-elle,
Quand tu fûs de retour?
Pour moi que te dit celle
Que j'aimerai toujours?
— Je sais qu'un jour d'orage,
Surprise en son chemin,
Elle mit son visage
Dans sa petite main!
La foudre étincelante

Eclairait ses beaux yeux,
Et d'une voix tremblante
Elle implorait les cieux.

— Toi dont le chant présage
Quelquefois le bonheur,
De crainte ce message
Fait tressaillir mon cœur !
Dis-moi, que devint-elle,
En ce jour de malheur,
Où la foudre cruelle
La frappa de terreur ?
— Quand la vive lumière
Vint, avec le soleil,
Eclairer sa paupière
De son reflet vermeil,
Je m'envolai vers celle
Qui fixa ton destin,
Et me dit : « Hirondelle,
Reviens demain matin. »

— Lorsque la pâle aurore
Sur les nids et les fleurs,
Sous le ciel qu'elle dore,
Vient répandre ses pleurs,
Cette femme si chère
Te dit-elle pour moi
Ce mot plein de mystère
Que j'attendais de toi ?
— Fidèle à ta maîtresse,
Qui me suivit longtemps,
Aux doux lieux où je laisse
Mon nid pour le printemps,
Je reviens, et mon aile
T'apporte, cette fois,
Ce message de celle
Qui ne vit que pour toi.

LA VIEILLE ET LE MIROIR.

CHANSON.

Paroles de **Gay de la Tour** ; musique de **Gustave Baneur.**

La musique se trouve chez SCHLOSSER aîné, éditeur, rue Royale-Saint-Antoine, 13.

Miroir traîtreusement fidèle,
Puis-je te laisser près de moi,
Quand tu me dis : tu n'es plus belle,
Pour ton cœur plus de doux émoi !

REFRAIN.

Hélas ! hélas ! hélas !
J'entends, j'entends à mon oreille,
Le temps me dire :
Pauvre vieille, pauvre vieille,
Ah ! ah ! ah ! ah !
Plaisirs, amours, plaisirs, amours,
Ah ! ah ! ah ! ah !
Adieu !
C'est pour toujours !

Sur des traits délicats, la Rose
Se mêlait à l'éclat du lis,
C'est une ride qui se pose,
Où l'on vous admirait jadis !... (*Au refrain*).

D'un joli sourire la trace
M'attirait plus d'un compliment ;
Je ne fais plus qu'une grimace
Si je veux rire maintenant !   (*Au refrain.*)

Que de fois on trouva charmante
Cette main qu'on pressa souvent !
Je la cachais toute tremblante,
J'ai beau la montrer maintenant !..(*Au refrain.*)

Miroir traîtreusement fidèle,
Autrefois de tous mes attraits
Tu doublais le charme étant belle,
Aujourd'hui combien je te hais ! (*Au refrain.*)

J'ÉTAIS GRIS

(PARODIE.)

Paroles de Charles ROUSSELOT.

Air de : *J'étais fou.* — *Ludovic Maithuat.*

Vous me boudez! ce n'est pas bien, ma femme,
Quand à vos pieds j'implore un doux pardon;
De notre amour n'éteignez pas la flamme,
Je ne pourrai braver votre abandon.
Vous m'en voulez pour la moindre misère;
Quand de vos charmes je me sens épris;
Et si j'ai fait la cour à la portière....
Ah! pardonnez!... j'étais gris,... j'étais gris!... } bis.

Lorsque parfois je me mets en ribotte,
N'en attribuez le tort qu'à mes amis;
Je ne veux plus vous tirer de carotte,
Dès à présent je vous serai soumis.
D'un vice affreux, oui, détruisez le germe,
A l'avenir vous en saurez le prix;
Mais si je n'ai pas payé notre terme,
Ah! pardonnez!... j'étais gris,... j'étais gris!... } bis.

Vous vous taisez! Me gardez-vous rancune?...
Quand à vous plaire j'engage ma foi,
Que nul souci point ne vous importune,
Je me soumets au joug de votre loi!...
Dorénavant n'ayons plus de dispute,
Et je serai le plus doux des maris!
Si je vous ai frappée en mainte lutte,...
Ah! pardonnez!... j'étais gris!... j'étais gris!... } bis.

MA VIE

CHANSON

Paroles d'Hippolyte **Lucas** ; musiq. de **A. Devillebichot.**
La musique se trouve chez A. QUANTIN, éditeur,
boulevard Poissonnière, 25.

Ainsi dans la paresse
  Je chantais
Mes desirs, mon ivresse,
  Mes regrets !
Mais le travail austère
  Vint, m'offrit
Un baume salutaire
  Qui guérit.

Vint l'épouse blonde Eve,
  Heureux choix,
Réalisant le rêve
  D'autrefois ;
Apportant à ma muse,
  Un front pur,
Que baigna de Vaucluse,
  L'eau d'azur.

Pur arc-en-ciel qui brille,
  Vint l'enfant,
Au sein de la famille
  Triomphant :
Ame d'un baiser née,
  Doux trésor ;
Bouche du rire ornée,
  Cheveux d'or !

L'aube de la jeunesse
  S'éclipsa,
Le jour de la sagesse
  Commença :
Adieu, temps de folie,
  Que j'aimais ;
Adieu, mon cœur oublie
  A jamais !...

L'AMANT SANS AMBITION.

Air connu.

J'ai vu de notre roi
La cour et l'équipage,
Tiens, Lisette, avec toi
J'aime mieux le village   (*bis.*)

On y goûte à loisir
Une gloire importune ;
Nous avons le plaisir,
Il vaut bien la fortune.   (*bis.*)

Sans le brillant fracas
De la grandeur suprême,
Ton berger, dans tes bras,
N'est-il pas roi lui-même ?   (*bis.*)

Mon Louvre est un berceau,
Mon sceptre une houlette ;
Mon empire un troupeau
Et le cœur de Lisette.   (*bis.*)

Ceint de myrtes fleuris,
Que tu cueillis toi-même,
Je vois avec mépris
Le plus beau diadème.   (*bis.*)

Je vis loin des grandeurs,
Auprès de ma maîtresse ;
Je n'ai point de flatteurs,
Mais son chien me caresse.   (*bis.*)

L'art s'épuise à la cour
Pour le plaisir du maître ;
La nature et l'amour,
Sur tes pas le font naître.   (*bis.*)

MARMONTEL.

INÈS DE GRENADE

FANDANGO.

Paroles de Marc Constantin. — Musique de L. Abadie.

La Musique se trouve chez AULAGNIER, Éditeur,
Rue de Provence, 28.

J'aime une fille de Grenade
Que j'ai vue à la promenade,
Mais c'est la fille de l'Alcade,
Aux blanches mains, aux yeux charmants.
Quand je lui dis qu'elle est jolie,
Je la vois rire à la folie,
Et cependant je la supplie
D'avoir pitié de mon tourment.
Mais à ma voix l'enchantéresse
Se rit tout bas de ma tendresse
Et me répond : — Je fuis vos pas,
Car vos serments je n'y crois pas.
Non, non, senor, je n'y crois pas (ter).

Noble Idalgo de Ségovie,
Lui dis-je un soir l'âme ravie,
Moi je voudrais passer ma vie
A vous aimer à deux genoux.
J'ai des châteaux quoiqu'en Espagne,
Un nom du temps de Charlemagne.
Ah! daignez être ma compagne,
Et tout cela sera pour vous.
Mais à ma voix l'enchanteresse
Se rit plus fort de ma tendresse,

Et me répond : Je fuis vos pas,
Car ces châteaux je n'y crois pas *(ter)*.

Quoi, senora, je vous vois rire
De mes tourments, de mon martyre;
Et bien alors, je me retire,
Il ne faut pas être indiscret.
Je vais chercher un cœur plus tendre,
Qui voudra bien se laisser prendre,
Et puissiez-vous alors répandre
Sur moi des larmes de regrets.
Mais cette fois l'enchanteresse
Daigna répondre à ma tendresse
En me disant, tout bas, bien bas,
Voici ma main : ne partez pas *(ter)*.

COMME

ON S'EN...NUIE EN S'AMUSANT

CHANSON

AIR : *Ça doit bien gêner sur l'moment.*

Eh quoi! vraiment, sans plus attendre,
Je dois ici me faire entendre;
Tout en voulant vous faire plaisir,
J'ai bien peur de n'pas réussir.
Ne voulant pas vous tenir tête,
Je céd' mais que chacun répète :
En vérité, c'est étonnant
Comme on s'en..... nuie en s'amusant!

L'autre soir je vais au spectacle,
Je croyais m'placer sans obstacle;

Pendant six heures je rest' debout
Ah ! comment trouvez-vous l'ragoût?
On y donnait deux mélodrames,
En sortant j'étais tout en larmes !
En vérité, c'est étonnant
Comme on s'en... nuie en s'amusant !

Hier, à dîner, l'on m'invite,
Faut pas d'mander si j'y cours vite !
C'était chez un traiteur fameux,
J' m'en suis fourré par d'sus les yeux !
Mais mon ami n'trouv' plus sa bourse,
Il faut qu'ça soit moi qui débourse.
En vérité, c'est étonnant
Comme on s'en..... nuie en s'amusant !

Des bains à quat' sous je raffole,
Par malheur, ce qui me désole
C'est que j'nag' comme un vrai chien d'plomb,
Et pourtant je n'manqu' pas d'aplomb.
J'ai l'air, chaqu' fois que j' m'y hasarde,
De prendre un bain d'pied sans moutarde.
En vérité, c'est étonnant
Comme on s'en..... nuie en s'amusant !

J'ai toujours eu l'humeur folâtre,
Des p'tits jeux je suis idolâtre,
J'aim' beaucoup jouer, quand il est tard,
A cache-cache, à colin-maillard.
Mais j'vous avouerai sans emphase
Qu'au quat' coins j'suis toujours le vase,
En vérité, c'est étonnant
Comme on s'en..... nuie en s'amusant !

Je vais dernièr'ment à Plaisance,
Chez un' dam' de ma connaissance ;
Fallait voir comm' nous avons ri !
Tout-à-coup revient son mari :
Je suis resté, l'fait est notoire,
Huit jours caché dans une armoire.

En vérité, c'est étonnant
Comme on s'en..... nuie en s'amusant.

De tout ça que faut-il conclure ?
Je n'en sais trop rien, je vous l'jure.
Si c' n'est pas un' indiscrétion,
J'voudrais savoir votr' opinion.
Mais j'vois dans vos yeux un sourire
Qui semble franchement me dire :
En vérité, c'est étonnant
Comme on s'en... nuie en t'écoutant.

Jules DE BLAINVILLE.

LE COUCOU

CHANSON

Paroles et Musique de **R. Lutgen.**

La musique se trouve chez SCHLOSSER, Éditeur
Rue Royale-Saint-Antoine, 13.

Un jour, c'était dans les vacances,
Petit-Pierre dit à François :
Ami, si comme moi tu penses,
Nous irons faire un tour au bois (*bis*).
En route, d'accord, ils se mirent
Vers la forêt de Saint-Germain,
Lorsqu'en entrant ils entendirent
Le coucou chanter son refrain :

Coucou ! coucou !
Le coucou chantait son refrain.
Coucou ! coucou !
Le coucou chantait son refrain.

Bel oiseau, je te remercie,
Ton chant me prédit le bonheur,

Je serai riche, je parie,
Ce présage n'est pas trompeur (*bis*).
— Mon pauvre ami, cette richesse,
Crois-le, ne sera pas pour toi,
Car j'en ai reçu la promesse :
L'oiseau n'a chanté que pour moi.

Coucou ! coucou !
L'oiseau n'a chanté que pour moi !
Coucou ! coucou !
L'oiseau n'a chanté que pour moi.

Vraiment, vraiment, répondit Pierre,
Crois-tu donc être plus que moi,
Pour que le coucou te préfère ?
Je crois valoir autant que toi (*bis*).
Là-dessus grande est la querelle :
Des mots, des coups, il en pleuvait !
Et l'oiseau toujours de plus belle
Aux échos du bois répétait :

Coucou ! coucou !
Et l'oiseau toujours répétait :
Coucou ! coucou !
Et l'oiseau toujours répétait.

Bientôt, honteux de leur folie,
Ils courent chez un vieux docteur ;
La cure une fois accomplie,
Le savant dit, d'un ton moqueur : (*bis*).
Vous le voyez, seul je profite
De votre querelleuse humeur ;
L'enfant sage toujours l'évite.
Pensez à ce chant de malheur :

Coucou ! coucou !
Pensez à ce chant de malheur :
Coucou ! coucou !
Pensez à ce chant de malheur.

LA
VOIX DU MONASTÈRE

MÉLODIE

Paroles de Béchenec. — Musique de Henri de Lagarde.

La Musique se trouve chez CHABAL Jne, Editeur,
rue Christine. 3.

Ciel puissant qui protége
    Cet asile béni,
De ma douleur abrége
Le cours indéfini.
Ah ! que ce toit m'abrite
Contre son souvenir.
Ma voix te sollicite
D'oublier ou mourir (bis).

J'attendais du courage,
J'ai des tourments nouveaux,
Son nom, sa douce image,
Perce ces noirs arceaux.
Son âme les habite,
C'est trop, c'est trop souffrir.
Ciel puissant fais moi vite
Oublier ou mourir (bis).

La voix du monastère
Chaque soir s'élevait,
Et de sa plainte amère
L'écho seul s'attristait.
Enfin à sa prière
Le Ciel a pu fléchir;
Oublier ne sut faire,
Il ne sut que mourir (bis).

MIGNON CHERCHANT LE CIEL

Paroles de A. BARALLE, Musique de A. DE VILLEBICHOT.

La Musique se trouve chez A. QUANTIN, Editeur,
Boulevard Poissonnière, 25.

Dans la plaine, errante au hasard,
Une enfant s'en allait heureuse.
Où vas-tu ? lui dit un vieillard,
Que cherche-tu, toute rêveuse ?
Mignon répondit : je m'en vais.
Au pays où les petits anges
Du bon Dieu chantent les louanges,
Où le chagrin ne vient jamais ! ! !
   Va bien vite,
    Ma petite,
  Le chemin est infini,
  Qui conduit au ciel béni *(bis).*

Mignon s'en va le cœur joyeux,
Mais un jeune pâtre l'arrête...
Où vas-tu, fillette aux doux yeux ?
Un instant, détourne la tête :
Le plaisir, le plaisir t'offre ses douceurs.
Non pas, dit-elle, calme et fière ;
Je vais au pays où ma mère
M'a dit que demeurait mes sœurs...
   Va, etc.

Mignon, sur le bord du chemin,
Un soir tomba tout épuisée.
Une femme apparut soudain,
Lui disant : Pauvre âme brisée !

Ce pays, ce pays que rêvaient tes yeux,
Regarde, vois comme il rayonne.
Viens, enfant, je suis la madone,
Et ma main va t'ouvrir les cieux.
Plus de larmes, plus d'alarmes,
Viens, le bonheur éternel,
Près de moi, t'attend au ciel,
Je suis reine dans le ciel !...

LA ROBE DE NOCE

MÉLODIE

Paroles de **L. Prevost**, Musique de **Bazzoni**.

La Musique se trouve chez S. LÉVY, Éditeur,
rue Beaurepaire, 20.

Enfant, la nuit est froide et la lampe mourante
Déjà ne jette p'us qu'une faible lueur;
Va chercher le repos; sa douceur bienfaisante
Rafraîchira tes sens et calmera ton cœur.
—Mère, je veux finir ma robe nuptiale;
Demain, vous le savez, est le jour solennel;
Il faut, quand paraîtra l'aurore matinale,
Que je sois prête pour l'autel (bis).

Pourquoi, berçant ton cœur d'une vaine espérance,
Raviver ta douleur aux rêves du passé.
Oscar n'est plus, hélas ! il est mort pour la France.
Tes yeux ne doivent plus revoir ton fiancé.
—Mère, je l'ai revu pourtant la nuit dernière,
Et de sa main glacée il a pressé ma main.
Il m'a dit : J'ai bien froid, sur ma couche de pierres
Louise, je t'attends demain (bis).

Ce rameau consacré, ce pieux scapulaire,
Loin de toi banniront ces songes menaçants;
Je veux à ton chevet veiller la nuit entière,
Sur le sein maternel tu dormiras longtemps.
Hélas! elle dormit si longtemps que la mère
Ne put la réveiller quand vint le lendemain.
Elle eut, la pauvre enfant, pour voile funéraire,
La robe blanche de l'hymen (*bis*).

LA PUERTA DEL SOL

BOLÉRO

Paroles de **Marc Constantin**.— Musique de **L. Abadie**.

La Musique se trouve chez A. AULAGNIER, Éditeur,
Rue de Provence, 28.

A la Puerta del sol, une brune Andalouse
Chantait pour des seigneurs qui passaient par ici;
Et chacun la trouvait belle à rendre jalouse
La reine, qui pourtant était bien belle aussi.
Plus d'un sans doute amoureux d'elle,
    Dégarnissait son escarcelle,
    Et les ducats tombaient par dix,
    Sans compter perles et rubis.
    Mais quoique pauvre elle était fière,
    Et l'Andalous qu'elle préfère,
    Loin d'être hidalgo de Cadix,
    N'avait pas un maravédis (*bis*).

L'alcade lui disait : Juanita, je t'adore,
Dans mon palais ducal, viens me donner ta foi.
Puis le corrégidor, plus amoureux encore,
Lui dit : Viens à la cour, je te présente au roi.

Un noble juge de Séville,
Croyant charmer la jeune fille,
Changea son titre de marquis
En picador des plus hardis.
Mais là senora pour ne plaire
Qu'à l'andalous qu'elle préfère,
Répondit à cet Adonis :
Je ne veux qu'un maravédis (*bis*).

Survint un gitano de Grenade ou Murcie,
L'œil en feu, l'air au vent, plein de grâce et d'amour;
Sous son long manteau brun sa taille est accomplie.
Et près de la fillette il s'élance à son tour.
Viens, lui dit-il, ô toi que j'aime,
Si je n'ai pas un diadème,
Ni même un titre de marquis,
Mon cœur vaut tout l'or de Tunis;
Et l'Andalouse qui préfère
Son cœur à tout l'or de la terre...
Tous deux alors furent unis.
Sans avoir un maravédis (*bis*).

LA

MARGÉERITE DES PRÉS

BLUETTE

Paroles et Musique de **Marcel Pelletier**,

La Musique se trouve chez CHABAL jeune, édit. rue Christine, 1.

Marguerite fleurie,
Petite fleur chérie,

Que j'aime ta fraîcheur,
Ton éclat, ta blancheur;
Emblême d'innocence,
Qu'un vent léger balance,
Symbole de bonté,
J'adore ta beauté.

Sur ta tige si frêle,
Ah! que ta vie est belle,
Dans nos prés, sous les cieux!
Oh! marguerite aimée,
Hélas trop tôt fânée,
Que ton sort est heureux!
Marguerite, etc.

Tout près d'une onde pure,
Ou bien sous la verdure,
Tu caches ton bonheur!
Tu vis d'une existence,
Douce comme l'enfance,
O ma charmante fleur!
Marguerite, etc.

Parfois, dans la prairie,
Si ma main t'a cueillie,
C'était pour t'admirer;
Heureux de te connaître,
Oui, je bénis le maître
Qui daigna te créer!
Marguerite, etc.

Mais le printemps nous quitte,
Gentille marguerite,
Ah! tu vas donc nous fuir!
Petite fleur si belle,

A la saison nouvelle,
Ici viens refleurir !
Marguerite, etc.

LARMES ET SOURIRE

ROMANCE

Paroles et Musique de **Francis Tourte**.

La Musique se trouve chez SCHLOSSER, Editeur,
Rue Royale-Saint-Antoine, 3.

Nous aimions sur le rivage
Nous deux, pauvres sœurs,
Cette chanson du village
Autant que les fleurs.
Quand le soir on se rassemble,
Sous le noir sapin,
Toujours nous chantions ensemble
Ce joyeux refrain :
Ah ! ah !
Quand je veux redire
Ce chant des beaux jours, des beaux jours,
Larmes et sourire
Se mêlent toujours, toujours.

Ma sœur devint languissante ;
Ce chant du hameau,
Sur sa lèvre pâlissante,
Restait sans écho,

Et seule, dans le silence,
    Je chantais souvent,
Pour apaiser sa souffrance,
    L'air qu'elle aimait tant!
        Ah! etc.

    Puis un soir, cette ombre vaine
    Gagna les élus;
    Ce refrain, mon âme en peine
    Ne le chante plus;
Mais un passant le répète;
    Je sens dans mon cœur,
Sourire à la chansonnette,
    Pleurer pour ma sœur!
        Ah! etc.

TABLE

FIN.

Clichy. — Impr. M. Loignon, Paul Dupont et Cie, rue
du Bac-d'Asnières, 12.

Paris. — Typ. VERT frères, 3, rue François-Miron.

www.ingramcontent.com/pod-product-compliance
Lightning Source LLC
Chambersburg PA
CBHW060624100426
42744CB00008B/1493